Zur Reihe

Die religiöse Landschaft ist in Bewegung geraten. Wo noch vor wenigen Jahren der große Traditionsstrom christlicher Religion und Kirchlichkeit ruhig dahinfloß, ist inzwischen eine verwirrende Vielfalt religiöser Strömungen entstanden. Sie suchen und bahnen sich neue Wege. Dabei vermischen sich Ost und West, Nord und Süd. Gewohnte Orientierungen verlieren an Selbstverständlichkeit.

Es sind nicht nur neue religiöse Gruppen und Bewegungen, die Menschen faszinieren oder für Irritation und Abwehr sorgen. Neue Strömungen haben die religiösen Tiefenschichten von Kirche und Gesellschaft erfaßt. Ein tiefgreifender Wandel zeichnet sich ab, der auch den christlichen Glauben zur Neubesinnung auf das Wesentliche nötigt. Alte Begriffe verlieren ihr Profil, neue treten in den Vordergrund: Religiosität tritt neben Religion, Therapie neben Theologie, Esoterik neben kirchliche Lelve, Erfahrung fordert die Dogmatik heraus. Eine neue Religiosität – danach sehnen sich immer mehr Menschen. Doch die Gefahr ist groß, daß die Sehnsucht ins Leere läuft. Noch treten die Umrisse von wirklich Neuem nicht deutlich zutage. Im Gegenteil: Vieles, was sich als »neuer Weg« darstellt, ist eher Abweg und Irrweg. Neue Religiosität? Noch zeichnen sich keine Konturen ab. Kann eine neue Religiosität überhaupt Kontur gewinnen – Und was würde sie für Gestalt und Praxis christlichen Glauben heute bedeuten? Oder münden alle neuen religiösen Strömungen unausweichlich in einen »religiösen Sumpf«, in dem keine wahre Spiritualität gedeihen kann?

Die Reihe Claudius Kontur möchte der Orientierung im verwirrenden Erfahrungsfeld Neue Religiosität dienen. Wo bislang eher mit Angst und Abwehr reagiert wird, soll nach Freiräumen gefragt werden, in denen sich vielleicht Neues entwickelt, dessen Wahrnehmung heilsam sein könnte. Und wo schnell begeistertes Reden von »Neuer Religiosität« oft nur vage und gedankenlos bleibt, stellt Claudius Kontur die Frage nach klaren Umrissen.

Christen wie Nichtchristen, Frauen wie Männer möchten sich als religiöse Menschen in ihrer Zeit besser verstehen und Wege finden, die keine Irrwege sind. Immer mehr Menschen wollen ihre religiösen Erfahrungen mit anderen ins Gespräch bringen, suchen klare Information ohne Vorurteile und verläßliche Orientierung.

Die Reihe Claudius Kontur möchte hier Hilfen und Anstöße für einen offenen Dialog zwischen christlichem Glauben und neuen religiösen Strömungen geben.

Der Herausgeber

Christian Schmidt

ERFAHRUNGSWEG YOGA

*Gottesbegegnung
durch Selbstfindung*

CLAUDIUS
KONTUR

Die Reihe Claudius Kontur
wird herausgegeben von Bernhard Wolf

Das Titelbild zeigt einen Laubengang in Prag am Malteserplatz. Spiritualität zu Stein geronnen: Licht und Schatten eines langen Weges, der zum Gehen einlädt.
(Foto: Johannes Leonhardt)

Die Deutsche Bibliothek – CIP-Einheitsaufnahme
Schmidt, Christian:
Erfahrungsweg Yoga : Gottesbegegnung durch Selbstfindung / Christian Schmidt. – München : Claudius Verlag 1993
(Claudius Kontur)
ISBN 3-532-64001-5

Umschlaggestaltung: Werner Richter
Gestaltung: Dorothee Bauer
Satz: Fotosatz Amann, Aichstetten
Druck: Druckerei G. J. Manz AG, München / Dillingen

ISBN 3-532-64001-5

Inhalt

»Welche der Geist Gottes treibt, die sind Gottes Kinder«
(Römer 8,14)

**Dem Licht gewidmet,
das Antrieb, Wegbegleitung und Ziel
aller wahren Freiheitssucher ist,**

**meinem Yoga-Lehrer,
Dr. Jayadeva Yogendra,
in Dankbarkeit**

Vorwort

Dieses Büchlein ist das vorläufige Zwischenergebnis eines mehr als fünfzehn Jahre währenden Lernens, Übens und Dialogs. Sein Anliegen ist es, zu zeigen, daß der klassische Yoga nicht als exotisches System mißverstanden werden darf, bei dem man seinen Körper in komplizierte Verschlingungen legen oder sich auf den Kopf stellen muß. Es will ferner das Vorurteil abbauen helfen, mit der Übung des Yoga würden – offen oder unterschwellig – fernöstliche kulturell-religiöse Inhalte verinnerlicht, welche dem abendländischen Menschen fremd seien und die zu seiner eigenen christlichen Religion in einem unvereinbaren Gegensatz stünden.

Die vorliegende Darstellung geht aus von dem maßgebenden Lehrbuch des klassischen Yoga, dem Yoga-Sutra des Patanjali. Dort werden die Grundlagen dieses umfassenden Systems gelegt, seine wesentlichen Methoden erläutert und das ihnen zugrundeliegende Menschenbild aufgezeigt. Auf dieser Basis erfolgt dann eine Auseinandersetzung mit dem Christentum. Wege und Ziele beider »Bewegungen« werden einander gegenübergestellt und auf ihre »Verträglichkeit« untersucht. Dabei wird die vor allem für evangelische Christen bedeutsame Frage erörtert, ob Yoga Selbsterlösung sei.

Unsere Gesellschaft steht in der Gefahr, im Materialismus zu ersticken. Immer mehr Menschen stellen die Frage nach dem Sinn ihres Lebens. Erstarrte Formen der Religionsverkündigung behindern kirchliche Erneuerungsprozesse. Das Büchlein möchte herausarbeiten, daß Yoga eine höchst aktuelle Lebens- und Glaubenshilfe für den Menschen von heute sein kann. Wo er geübt wird, könnten neue Formen christlich-religiöser Erfahrung zu einer Belebung und Bereicherung des kirchlichen Lebens führen.

Auch wenn das Buch meinen Namen trägt: Es wäre anmaßend zu sagen, daß es *mein* Werk ist. Eher schon ist es ein Mosaik, das ich im Laufe der Jahre zusammentragen durfte. Dabei stammen wertvolle und wichtige Steinchen von Menschen, die bereits vor vielen Jahren Yoga übten und die aus alten Texten zu mir sprachen. Andere Bausteine ergaben sich aus dem Dialog mit Personen, die mit mir zusammen den Yoga üben. Aber auch das Muster des Mosaiks stammt nicht einfach aus mir selbst, sondern ist weitgehend Rekonstruktion. Es bildete sich zum Teil aus den Mosaiksteinchen selbst, vor allem aber aus den zahlreichen Gesprächen mit meinem geschätzten Lehrer, Dr. Jayadeva Yogendra, Bombay, aus seinen »lectures« (Vorträgen) und nicht zuletzt durch sein lebendes Beispiel. Auch wenn er in den zahlreichen Anmerkungen des Textes nur selten zitiert wird: Er ist die Quelle, die an vielen Stellen zu nennen gewesen wäre.

Ein Autor ist immer auch eine Art Kristallisationspunkt, in dem viele Informationen zusammenfließen. Dies gilt vor allem im Hinblick auf die vielfältige Unterstützung, die mir bei der Abfassung und Vollendung des Manuskripts zuteil wurde. Hier ist zunächst Pfarrer Dr. Karl-Heinz Röhlin, Pappenheim, zu nennen, der eine frühe Ausarbeitung nicht nur mit großer Gewissenhaftigkeit durchsah und Kritisches anmerkte; ihm war es auch ein Anliegen, daß die Überlegungen veröffentlicht werden, weil er sie für wichtig hielt. Mit Dankbarkeit denke ich an die umfassende Unterstützung durch den Herausgeber, Herrn Pfarrer Bernhard Wolf, Nürnberg. Er hat in der Endphase des Manuskripts, vor allem bezüglich des theologischen Teils, noch wesentliche Impulse gegeben und ergänzende Literatur zur Verfügung gestellt. Zu einem echten Gemeinschaftswerk wurde das Büchlein nicht zuletzt dadurch, daß die einzelnen Teile des Rohmanuskripts in meinen verschiedenen Yoga-Kursen zirkulierten und von mehreren Kursteilnehmerinnen und -teilnehmern mit Akribie, Hingabe und kritischem Verstand einem »Härtetest« unterzogen wurden, der noch zu zahlreichen Verbesserungen führte. Zu nennen sind hier insbesondere Karl Bauer, Klaus Berger, Erika Dachlauer, Freda Luther, Dr. Emmi Neupert, Dieter Riemer und Merian Sucker. Damit hat dieses Bändchen bereits vor der Veröffentlichung einen schönen Erfolg gezeitigt. Zu danken habe ich ferner: Frau Ingeborg Essert, Nürnberg, für die Hilfe bei der Aktualisierung und Beschaffung der zitierten Literatur; Frau Dr. Almut Hintze, Berlin, für ihre sprachwissenschaftliche Unterstützung und Herrn Dr. med. Stefan Neupert, Nürnberg, für seine kritische Durchsicht des Manuskripts, durch die er einige fachliche Fehler – nicht nur auf seinem Fachgebiet der Neurologie und Psychiatrie – verhinderte, sondern auch zu Präzisierungen Anlaß gab. Schließlich danke ich meiner Frau Inge für ihre vielfältige Unterstützung bei der Erstellung des Manuskriptes.

Möge dieser Band helfen, Christen wie Nichtchristen einen Überblick über den Weg des klassischen Yoga zu vermitteln, eventuelle Vorbehalte abzubauen und eigene spirituelle Erfahrungen zu suchen.

Nürnberg, im Januar 1993

Statt einer Einführung: Hintergründe und erste Zusammenhänge

Nur Erfahrung ist Wissen

»Bemüht euch um Frieden mit jedermann
und um Heiligung,
ohne die niemand den Herrn sehen wird.«
Hebr. 12, 14

Es ist der Versuch, das Unmögliche möglich zu machen, wenn man daran geht, Yoga in einem Buch vor- und darzustellen. Denn zum einen – und dies ist das Hauptproblem – ist Yoga nicht etwas, das man sich erlesen kann. Yoga wird *erfahren* und *erlebt*! In einem alten Yoga-Sprichwort heißt es:[1]

> *»Das Wissen über Yoga wird erlangt durch Yoga, allein Yoga führt zu Yoga ...«*

Dies ist nicht billige Geheimniskrämerei. Alles Tiefe wird uns nur durch unmittelbare Erfahrung zuteil. Auch Liebe läßt sich nicht aus Büchern lernen. Der Wert dieses Buches ist deshalb von vornherein beschränkt. Sein Nutzen kann nicht größer sein als etwa der eines theologischen Werkes über Gottesoffenbarung oder über Glaubenserfahrung.

Die zweite Schwierigkeit folgt aus der ersten. Wenn Yoga mit persönlicher Erfahrung zusammenhängt, liegt es auf der Hand, daß sich diese unterschiedlich äußert. Und in der Tat, die Quellen des Yoga sind vielschichtig und reichen weit zurück. Die Wurzeln verlieren sich im Dunkel der Geschichte.

Aber die (Yoga-)Erfahrung hat sich nicht nur individuell ausgedrückt, sie wurde (und wird) auch auf ganz unterschiedlichen Wegen angestrebt. Denn hinter dem Begriff *Yoga* steht eine nahezu unübersehbare Vielzahl von verschiedenen Systemen, Schulen und Traditionen (z.B. *Hatha*-Yoga, *Raja*-Yoga, *Karma*-Yoga, *Bhakti*-Yoga ...).[2] Das heißt, daß es *den* Yoga – also ein abgeschlossenes, einheitliches System – nicht gibt. Dieser zweiten Schwierigkeit kann man begegnen. Denn wir brauchen uns nicht in die oft verwirrende Vielfalt der einzelnen Yoga-Disziplinen zu verlieren. Es genügt, wenn wir uns an die gemeinsame Essenz der Lehren der einzelnen Schulen halten. Allen diesen Wegen ist nämlich eines gemeinsam: sie stellen ein umfassendes Angebot an Lebenshilfe dar. Es werden wesentliche Fragen aufgeworfen: »Wie kann ich gesund werden und bleiben?«, »Wie kann ich mein emotionales Gleichgewicht behalten beziehungsweise wiedergewinnen?«, »Wie kann ich negative, quälende Gedanken bewältigen und zu einem glücklichen, erfüllten Leben finden?« Auf diese existentiellen menschlichen Problemstellungen werden durch ein vielfältiges Angebot an wirksamen Methoden Antworten gegeben.

Darüber hinaus – und dies ist das eigentlich zentrale Anliegen – möchte der Yoga dem Menschen helfen, zu seinem geistigen Wesenskern zu finden und zu einer erlebten Vereinigung der Menschenseele mit Gott (*Unio mystica*) zu führen.[3] Wie wir sehen werden, sind die Yogis unterwegs, um dieses Ziel zu erreichen. Denn sie ahnen: wenn sie ihren geistigen Wesenskern, das Selbst (Sanskrit: *Purusa*; sprich: Puruscha), den »Gott in uns«, verwirklicht haben, stehen sie auf einem unerschütterlichen Fundament.

Die gleichen Vorstellungen finden wir bei unseren Mystikern. Meister Eckhart etwa spricht vom »*Bürglein*« (der kleinen Burg) in der Seele, wo Gott »*glimmt und brennt*« und wo die Seele mit Gott gleich ist.[4] Von dieser Warte aus wird die Welt nicht mehr mit den Augen der Oberfläche, sondern mit dem Auge der Tiefe gesehen. Der hieraus entspringende hohe Bewußtseinsstand gibt tiefen Frieden, Sicherheit, Erfülltheit, Geborgenheit und wahres Glück. Auch für den Yogi gilt die Devise des Benedikt von Nursia: »*Suche den Frieden und jage ihm nach!*«. Er folgt der Aufforderung im Hebräerbrief (12,14): »*Bemüht euch ... um Heiligung, ohne die niemand den Herrn sehen wird.*«

Hieraus wird deutlich, daß der Yoga eine ganz praktische Dimension ausgebildet hat, die ein besseres Leben im »Hier und Jetzt« ermöglicht. Hierzu sei auf den Einsatz des Yoga in der Streßtherapie, der Psychotherapie und der Humanmedizin (etwa bei psychosomatischen Krankheiten, Rehabilitation, Degenerations- und Verschleißerscheinungen) verwiesen. Aber in seiner tieferen Dimension ist er ein System, das den Zugang zur letzten Realität, zu Gott, zum Urgrund alles Seins, eröffnen will. Damit ist die Übung des Yoga eine »religiöse Angelegenheit«.

Freilich bedeutet Religion in diesem Sinne nicht den Beitritt zu einer Religionsgemeinschaft. Es ist auch nicht die Vorgabe einer religiösen Lehre (oder gar eines Dogmas) gemeint, an die man zu *glauben* hat. Solche Einengungen sind dem Yoga völlig fremd. Ihm geht es um eine Wiederverbindung mit dem Göttlichen. Damit wäre Yoga *Religion* in der ursprünglichen Bedeutung des Wortes, wenn man – mit Laktanz – »Religion« auf das lateinische *religare* »wiederverbinden« zurückführt.[5]

Herkunft des Yoga

Das Wort *Yoga* leitet sich von der Sanskritwurzel *yuj* (sprich: judsch) »verbinden«, »anschirren« ab.[6] Es gehört zusammen mit dem deutschen Wort *Joch* (lateinisch *iugum*, griechisch *zygón*, englisch *yoke*) zu der indogermanischen Verbalwurzel *yeug* »verbinden«.[7] Die Wortverwandtschaft von *Yoga* und *Joch* erschließt sich heute nicht mehr auf den ersten Blick. Denn bei dem Begriff *Joch* denken wir häufig zuerst an Bürde, Plage, Leiden. Ursprünglich bedeutete er aber Verbindung, Vereinigung. Mit Hilfe des Joches wurden Zugtiere an den Karren gespannt und mit diesem verbunden. Im Gebirge bezeichnet ein Joch die Verbindung von zwei Bergen.

Yoga ist ein Tätigkeitsbegriff und meint »das Anschirren«, »eine Verbindung herstellen«, »unters Joch nehmen«. Seit alters her bezeichnet Yoga in Indien jede Bemühung um geistigen Fortschritt, jede Form der Meditation und Andacht, jede Technik, die zu einer Verbindung mit dem Göttlichen führt.[8] Die wortgeschichtliche Ableitung zeigt noch eine weitere Dimension des Begriffes:[9] »Anschirrung« heißt auch Beherrschung, Kontrolle. Durch den Yoga sollen die Gedanken kontrolliert, die Psyche beruhigt und der Körper beherrscht werden, um zu tiefer Sammlung und geistiger Schau zu gelangen.[10]

Die einzelnen Yoga-Traditionen stellen umfassende Systeme dar, die dem Praktizierenden auf diesem Weg der Vereinigung mit dem göttlichen Sein beziehungsweise bei der Bemühung um Selbstfindung und Lebensbewältigung helfen wollen. Die überlieferten Übungen sind auch bei uns zum Teil bekannt und gebräuchlich. Hierzu zählen insbesondere Kontemplation, Meditation,[11] Gebet,[12] Enthaltsamkeitsübungen, ethische Lebensregeln. Es steht aber außer Zweifel, daß der Yoga in Indien seine Vervollkommnung und systematische Ausprägung erhalten hat. Wir wollen deshalb der Frage nachgehen, in welcher Beziehung der Yoga zur indischen Religiosität steht.

An dieser Stelle muß uns bewußt sein, daß es *den* Yoga nicht gibt und die vielen Yoga-Wege unterschiedlichste Ausformungen aufweisen. Wir finden deshalb den Yoga auch in den großen Religionen Indiens beheimatet. So gibt es hinduistische, buddhistische und jainistische Varianten des Yoga. Aber damit ist noch keine Aussage darüber getroffen, ob der Yoga in diesen Religionen seinen Ursprung hat.

Für das geistige Verständnis des Yoga ist der sogenannte »klassische« Yoga von zentraler Bedeutung.[13] Dieses System ist in dem Yoga-Sutra des Patanjali niedergelegt (*Sutra* heißt Leitfaden). Es handelt sich hierbei um den Raja-Yoga (den »königlichen« Yoga; von *raja* »König«, »Fürst«). In diesem Werk ist der Yoga am systematischsten und reinsten erläutert.[14]

Deshalb kann man den klassischen Yoga auch als »Meßlatte« ansehen, an der sich alle anderen Yoga-Systeme messen lassen müssen. Und er ist der am meisten geachtete und – in Verbindung mit dem Hatha-Yoga – am weitesten verbreitete Yoga.[15] Eine ernsthafte und tiefgehende Auseinandersetzung mit dem Yoga aus unserer (westlichen) Sicht kann deshalb nur auf der Basis dieses Schlüsselwerkes erfolgen, dessen Text sich allerdings nur im intensiven Studium und durch die praktische Anwendung erschließt. Rein akademische Diskussionen und theologische Auseinandersetzungen stehen deshalb in der Gefahr einer »Spiegelfechterei«, in der eigene Ideen (oder gar Projektionen) bearbeitet werden, die aber dem Yoga meist nicht gerecht werden.[16]

Zunächst soll den geschichtlichen Entwicklungslinien des klassischen Yoga (Raja-Yoga) und seiner Verbindung zur indischen Religiosität nachgespürt werden. Im Anschluß daran werden wir uns den Grundstrukturen dieses Yoga-Weges zuwenden.

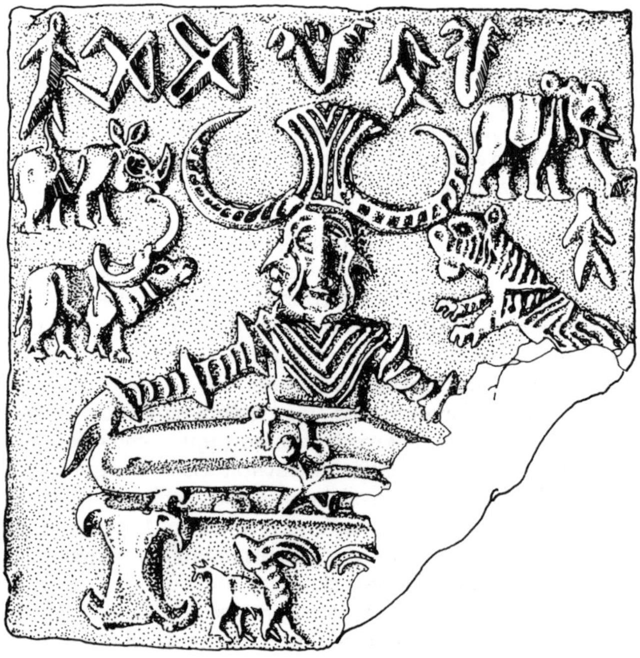

Abb. 1: Siegel Mohenjo Daro

Die Anfänge des Yoga reichen bis in das 3. Jahrtausend v. Chr. zurück.[17] Bereits in dieser Zeit finden sich Zeugnisse von Elementen des Yoga. Bei den Ausgrabungen der von ca. 2500 bis 2000 v. Chr. bestehenden Industal-Kultur von Mohenjo-Daro[18] wurde ein Siegel geborgen, das eine Gestalt in einer Meditationshaltung zeigt;[19] es gilt als die früheste Darstellung eines Yoga-Praktizierenden.[20] Hauer, einer der maßgeblichen Indologen der Yoga-Forschung,[21] nimmt an, daß schon in der indo-iranischen Epoche des 3.-2. Jahrtausends v. Chr. »*religiöse Übungen eine Bedeutung hatten, die in den ursprünglichen Yoga übergingen*«.[22] Er fügt hinzu, daß die Praxis des Sichversenkens etwas ist, was von alters her zum Allgemeinbesitz der gesamten Menschheit gehört. Deshalb läßt sich dieses Streben seit frühester Zeit in allen Völkern nachweisen. Es findet sich etwa bei den Eskimos (in der Übung des *Quarrtsiluni*), den australischen Ureinwohnern (sie pflegten das sogenannte *Jari*) und den Indianern (sie kennen das *Kraftdenken*).[23]

Wie hat sich nun der Yoga aus seinen keimhaften Anfängen zu einem solch umfassenden psychologisch-philosophisch-spirituellen System entwickelt? In einem wesentlichen Punkt sind sich die Indologen einig: Diese Entwicklung erfolgte außerhalb, ja sogar als »protestantische« Gegenströmung zum vedisch-brahmanischen Hinduismus.[24] Eine Durchdringung und Verschmelzung mit diesem Gedankengut fand erst viel später statt.

Die Zeit, in der sich diese Ausformung und Vervollkommnung des Yoga-Systems vollzog, liegt etwa zwischen 1000 v. Chr. und der Zeit Buddhas (6./5. Jahrhundert v. Chr.).[25] Die Träger dieser Entwicklung sind in dem Kriegerstand (*Ksatrias*) zu suchen.[26] Demgegenüber wurde die vedische Tradition von der Priesterkaste der Brahmanen aufrechterhalten. Aus der Gegenströmung zur vedisch-brahmanischen Religiosität entstanden auch die beiden großen »Ketzer-«Religionen, der Buddhismus und der Jainismus. Diese Religionen stehen in ihren Anfängen in der engsten Beziehung zum Yoga.[27]

Die geistige Entwicklung jener Jahrhunderte stürzte den orthodoxen Hinduismus in eine Krise. Und es blieb ihm keine andere Wahl, als die weithin herrschende geistige Strömung des Yoga zu akzeptieren.[28] Es ist dies die Zeit etwa zwischen dem 4. vorchristlichen und dem 4. nachchristlichen Jahrhundert.[29] Hauer schreibt:[30]

> *»Die Abwendung des Yoga von dem vedischen und brahmanischen Opferkult ist radikal.« ... »die Innenschau und die unmittelbare Gotteserfahrung (gilt) alles. Sie zerbricht die Fesseln des brahmanischen Ritualismus und bahnt den Weg zur Entfaltung einer kultfreien, meditativ-vertieften Frömmigkeit.«*

Die strukturelle Verschiedenheit der beiden Geistesströmungen zeigt sich auch darin, daß der Yoga frei ist von einem »Götterhimmel«, wie ihn der Hinduismus kennt.[31] Zwar ist der klassische Yoga ein theistisches System, aber Gott (*Isvara* »Gott der Herr«) bleibt weitgehend unbestimmt; er hat jedenfalls nicht die Funktion des Weltenschöpfers[32].

Wir können damit festhalten: Der Yoga gehört, seinem geistigen Ursprung nach, nicht zum Hinduismus. Wenngleich der Hinduismus ein unübersehbares Konglomerat der unterschiedlichsten Religionsformen ist, hat er doch als verbindende Grundlage die Veden.[33] Gerade mit diesen aber bricht der Yoga: Ihre Kosmologie und ihr Weg, sich Gott zu nähern (insbesondere durch das Opfer),[34] werden abgelehnt. Erst später kommt es zu einer gegenseitigen Annäherung und Durchdringung von Yoga und Hinduismus.

Diese Assimilierung geht dann sogar soweit, daß die Lehren des Yoga in Teile der Veden (nämlich die Upanischaden) aufgenommen wurden, obwohl diese Lehren eigentlich einander unvereinbar gegenüberstehen. So ordnete man später die Svetasvatara-Upanischad den Veden zu, obgleich es sich hierbei um ein Quellenwerk des Yoga handelt und man zur Zeit der Entstehung dieses Werkes (etwa zwischen 1000 und 600 v. Chr.) die Träger dieses Wissens noch gebrandmarkt hat.[35]

Vermutlich war die Überlieferung einfach zu fest, als daß sie noch hätte ausgerottet werden können. Die Brahmanen wollten auch wahrscheinlich nicht dümmer dastehen als der Kriegerstand, der den Yoga und das mit ihm verbundene System der *Samkhya*-Philosophie überlieferte.[36] Selbst (noch) in der Bhagavadgita[37] (ca. 300 v. Chr.) steht der nichtorthodoxe Glaube höher als der Rig-Veda[38] und der brahmanische Kult.[39] Lassen wir noch einmal Hauer zu Wort kommen:[40]

> *»Überblicken wir die Geschichte und Entwicklung des Yoga von der vedischen Zeit bis zu den jüngsten Texten des Mahabharata, so werden wir beeindruckt von der Kraft und Fruchtbarkeit dieser Bewegung, der es schließlich gelang, nicht nur die Ketzerreligionen des Jainismus und Buddhismus, sondern auch den Brahmanismus und damit das gesamte höhere Leben Indiens mit seinen Errungenschaften zu durchdringen. ... In dieser Bewegung waren Menschen, die mit heiligem Ernst und feiner psychologischer Fähigkeit die Lebensgesetze des Menschseins intuitiv erforschten, dabei aber immer wieder auf die Erfahrung eines Letzthin-Wirklichen im Menschen und in der Gesamtwirklichkeit geführt wurden.«*

Dieser letzte Satz ist entscheidend, wenn wir zu den wahren geistigen Hintergründen des Yoga vorstoßen wollen. Mit dem Yoga haben wir eine Tradition vor uns, der es darum ging, das Glitzern der Welt zu durchschreiten und auf den Horizont Gottes zuzugehen. Die Yogis (und die weiblichen Yoginis) waren und sind aus dem gleichen Holz geschnitzt wie die ägyptischen Wüstenväter, die Starzen der Ostkirche, unsere Mystiker und Heiligen: Menschen mit unbedingtem Interesse und Engagement. Ihre Berichte gründen in unmittelbarer spiritueller Erfahrung. Und diese Aussagen stimmen in ihrem Kern auch überein – unabhängig davon, ob sie von einem persischen Derwisch, einem Yogi, einem erleuchteten Mönch vom Berg Athos oder einem Meister Eckhart formuliert sind.

Der klassische Yoga nach Patanjali (Raja-Yoga)

Basis der folgenden Betrachtungen ist das Yoga-Sutra des Patanjali. Das Sanskritwort *Sutra* bedeutet wörtlich Garn. Im übertragenen Sinn bezeichnet es einen Leitfaden, ein Lehrbuch, das aus stichwortartigen Lehrsätzen, den einzelnen Sutras besteht.

Das Yoga-Sutra des Patanjali besteht aus einer Sammlung von 195 Sutras (nach einer anderen Zählweise sind es 194 Sutras), die in vier Kapitel gegliedert sind. Die einzelnen, in Sanskrit abgefaßten Sutras sind so kurz, daß das gesamte Werk gut leserlich auf einem DIN-A-3-Bogen Platz fände. Die knapp 200 Sutras bilden das Fachwerk jenes umfassenden Gebäudes, das als klassischer Yoga oder Raja-Yoga (sprich: Radscha-Yoga) überliefert wird. Dabei bleibt es dem jeweiligen Yoga-»Studenten« überlassen, wie er die einzelnen Felder zwischen dem durch die Sutras gezogenen Stützwerk ausfüllt. Durch die knappe, kürzelhafte Formulierung der Aphorismen erschließt sich das Yoga-Sutra nur im Verlauf der Übungs-Praxis und entsprechend dem eigenen Fortschritt auf dem inneren Weg.

Das Yoga-Sutra ist aber nicht nur für den Yoga-Praktizierenden von unschätzbarem Wert. Der Indologe Heinrich Zimmer zählt das Yoga-Sutra (in Verbindung mit dem alten Kommentar des *Vyasa*) »*zu den erstaunlichsten Werken philosophischer Prosa in der ganzen Weltliteratur*« und schwärmt von seiner »*wunderbar nüchternen, klaren, bündigen und geschmeidigen Sprache*«.[41]

Patanjali, der Verfasser dieses Leitfadens, ist für den Yoga eine ähnlich legendäre Gestalt wie Hippokrates für die Medizin. Vermutlich lebte er im 2. Jh. v. Chr..[42] Mit großer Wahrscheinlichkeit handelt es sich um jene Person, die nicht nur als Altmeister des

Yoga, sondern auch als Grammatiker einen großen Namen hat.[43] Es ist anzunehmen, daß nicht alle Teile dieses Werkes von Patanjali stammen. Insbesondere dürfte das vierte Buch erst später (wohl 5. Jh. nach Chr.) entstanden sein.[44] Patanjali ist auch nicht der »Erfinder« des klassischen Yoga. Die von ihm festgehaltenen Grundgedanken und Anweisungen existieren schon Jahrhunderte vor ihrer geschlossenen schriftlichen Niederlegung.[45] Sie waren bis dahin nur bruchstückhaft in den Upanischaden zu finden[46] und wurden vor allem mündlich von Lehrer zu Schüler weitergegeben.[47] Das Yoga-Sutra ist ein Versuch, den Yoga zu systematisieren und die wesentlichen gemeinsamen Züge der verschiedenen Yoga-Wege zusammenzufassen.[48] Wir wollen uns nun den Grundstrukturen des klassischen Yoga zuwenden.

Defizite des menschlichen Bewußtseins

Das Yoga-Sutra des Patanjali geht von der Grundtatsache aus, daß das menschliche Bewußtsein konditioniert ist. Das heißt, in unserem Bewußtsein sind »Sprünge« oder »Verwerfungen«, die uns die letzte Wirklichkeit nicht erkennen lassen. Man kann dies etwa vergleichen mit einem Kaleidoskop. Es bricht das Licht, erzeugt Farben und vielfältige Formen, aber die eigentliche Ursache des ganzen Spiels, ohne die das Ganze nicht funktionieren würde, die Lichtquelle selbst, bleibt verborgen; ja, sie wird gerade durch die Apparatur verdeckt.

Das, was wir für wirklich und wahr halten, sind nur Zerrbilder, Färbungen, Spiegelungen, Brechungen der dahinterliegenden Realität. Eine solche Aussage ist uns nicht fremd. Auch Platon weist in seinem berühmten Höhlengleichnis auf solche Defizite des menschlichen Bewußtseins hin.[1] Nach ihm sehen wir nur Schatten der Wirklichkeit, die durch das Sonnenlicht auf die Hintergrundwand einer Höhle geworfen werden.[2] Erst wenn wir uns umdrehten und zum Höhlenausgang gingen, würden wir – anstelle bloßer Schatten – die eigentliche Realität sehen.

Leiden als Folge beschränkter Wahrnehmung

Die Linsen oder Verwerfungen in unserem Bewußtsein stehen nicht nur der Erkenntnis der Wahrheit im Weg. Sie sind auch die eigentliche Ursache für unsere Probleme und leidhaften Lebenssituationen. Patanjali bezeichnet sie deshalb als »Leidbringer« (*Klesas*, sprich: Kleschas; wörtlich: »Plage«, »Qual«, »Leiden«). In einem kühnen philosophisch-psychologischen Wurf unterscheidet er – wie wir gleich sehen werden – fünf solcher Leidverursacher (*Klesas*). Jede Form des Leidens und letztlich alle Probleme des Menschen werden von ihm auf diese fünf »Strukturfehler« der menschlichen Psyche zurückgeführt.[3]

Nun können diese »Leidbringer« individuell verschieden wirken und auch unterschiedlich stark ausgeprägt sein. Dies würde dann in Patanjalis Konzept heißen, daß derjenige, der weniger von den *Klesas* geplagt ist, der Wahrheit, dem Sein näher ist. Gleichzeitig ist er auch freier und weniger leidensgebunden.

Die *Klesas* können auch bei jedem Menschen verringert werden, so daß er sich auf die Realität, den Urquell des Lebens, Gott, zubewegen kann. Man kann diese Denkweise durch ein Bild verdeutlichen: Unser Bewußtsein kann mit einer verrußten Scheibe verglichen werden, hinter der eine Kerze brennt. Der Ruß steht für die *Klesas*. Die Scheibe kann unterschiedlich stark verrußt sein. Aber durch geduldiges Bemühen um Reinigung wird allmählich der Lichtschein heller. Schließlich wird, wenn die Scheibe klar genug ist, eine freie Durchsicht möglich. Dieses Bild findet Analogien in der Bibel, sowohl im Alten wie auch im Neuen Testament. In der Bergpredigt verkündet Christus: *»Selig sind, die reinen Herzens sind; denn sie werden Gott schauen« (Mt. 5,8)*. Und im Psalm singt David: *»Die Frommen werden schauen sein Angesicht« (Psalm 11,7)*.

Eine Verringerung der Intensität der *Klesas* führt über eine Aufhellung und Erweiterung unseres Bewußtseins zu »höherer« Erkenntnis und läßt schließlich »Gott schauen«. Im Verlauf dieses Prozesses werden sich unsere Ängste und Abhängigkeiten vermindern. Wir erhalten eine neue, bessere Sicht. Wir erleben unser Dasein sinn- und freudvoller. Dabei färbt sich die Welt nicht rosarot. Aber Leidenssituationen können aus einer anderen Perspektive wahrgenommen werden. Wir können in ihnen das Wirken einer höheren Realität erkennen und so standhalten, ohne zu zerbrechen oder krank zu werden.

In diesem Zusammenhang ist es bemerkenswert, daß in der Psychotherapie Viktor E. Frankls (der sogenannten Logotherapie) der Therapieansatz darin besteht, daß man den Klienten die Sinnhaftigkeit ihres Lebens aufzuzeigen versucht.[4] Dadurch werden schwierige Lebenssituationen, an denen der Patient leidet, in einen größeren Zusammenhang gestellt und können so besser angenommen werden.

Evolution des Bewußtseins – Das Ziel und der Sinn des Lebens

Gott will, »daß allen Menschen geholfen wird und sie zur Erkenntnis der Wahrheit kommen«.
(1. Tim. 2,4)

Das Leben zu begreifen und zu durchschauen, die Wahrheit, das Sein selbst (Gott), zu suchen und zu finden, das wird im Yoga als Ziel und Sinn des Lebens betrachtet. Dabei ist die Schau der Wahrheit gleichbedeutend mit der Schau Gottes oder mit dem unmittelbaren Verstehen des Lebens selbst. Gott, Wahrheit, Liebe, Glück, (reines) Sein sind im Yoga synonyme Begriffe für etwas, was höchstes, gereinigtes menschliches Bewußtsein erkennen und verwirklichen kann. Es sollen also der Horizont des Bewußtseins und die Wahrnehmungsfähigkeit erweitert werden, bis sie sich öffnen für den Bereich der Transzendenz. Diese Eignung spricht man dem Menschen nicht nur zu, sondern es werden im Yoga auch die Stufen, Übungen und Erfahrungen eines solchen Entwicklungsprozesses angegeben.

Dabei sei festgehalten: Die Überschreitung der Grenzen des Diesseits in den Bezirk des Heiligen, Göttlichen, der Transzendenz hält man im Yoga bereits zu Lebzeiten für möglich. Das »Jenseits« ist kein eschatologischer Ort, in den die Seele (erst) nach dem Tode einzieht. Es handelt sich hier vielmehr um einen Bewußtseinszustand, der zwar das normale (körpergebundene) Wachbewußtsein übersteigt, der aber »im Hier und Jetzt« möglich ist (wie auch Paulus schreibt, 2. Kor. 12 2–5). Im Yoga ist der technische Ausdruck für dieses erweiterte Bewußtsein *Samadhi* (reine Schau, *Unio mystica*). Nach Patanjali wird dies ermöglicht, wenn die *Klesas* durch die spirituelle Praxis reduziert sind (Yoga-Sutra II/2). Wir werden hierauf im einzelnen noch zu sprechen kommen.

Die Entwicklung unseres Bewußtseins ist der Weg aller unserer großen Seher, Heiligen, Propheten, Weisen und Mystiker. Es ist dies eine herausfordernde und im höchsten Maße edle Aufgabe. Eine solche Lebenswidmung setzt sich freilich ab von dem »modern way of life«; denn in unserer gegenwärtigen Zeit folgt man weithin dem Regiment des Lustprinzips.[5] Spirituelle Suche dagegen strebt nach dauerhaftem Glück (gemeint ist: innerer Friede, Harmonie mit sich und der Schöpfung). Von ihm sagte Aristoteles, daß es nur zu gewinnen sei, indem man sittliche Vollkommenheit erlangt.[6] Nur ein Mensch, der bereit ist, nach ethischen Grundüberzeugungen (wie Gewaltlosigkeit, Ehrlichkeit) zu leben, der sich Zügel anlegen kann und will, der seine Sinne und Triebe zähmt, entwickelt sich in Richtung auf dieses höhere Bewußtsein hin.

Eine solche Entwicklungstendenz steckt in jedem Menschen. Wir können reich sein, eine gesunde, harmonische Familie, einen angesehenen Beruf haben; solange wir uns nicht ernsthaft auf einen geistigen Weg begeben, bleibt unser Dasein unerfüllt. Unzufriedenheit stellt sich ein, ein Gefühl »mir fehlt etwas« nagt an unserem Lebensnerv. Umgekehrt ist ein Mensch, der bereit ist, ein spirituelles Leben zu führen, eher geneigt, Beschränkungen zu ertragen und (scheinbar) ungünstigen Situationen eine gute Seite abzugewinnen.

Das zentrale Anliegen des Yoga ist es also, eine solche Höherentwicklung unseres Bewußtseins zu ermöglichen, zu unterstützen oder zu beschleunigen.[7] Denn der Mensch wird den Weg dieser natürlichen Entwicklung geführt. Wir können sie auch als

Evolution bezeichnen. Dies ist der Weg des Lebens. Ken Wilber schreibt:[8]

> *»Geschichte ist die Entfaltung des menschlichen Bewußtseins ... Sie bewegt sich ... in Richtung auf jene höchste Ganzheit. Diese ist ... das vollendete und höchste Potential des menschlichen Bewußtseins selbst.« Die Entwicklung des Menschen ist »ein langsamer und mühsamer Pfad zur Transzendenz«.*

Die verschiedenen Yoga-Disziplinen, die vielfältigen und abgestuften Techniken des Yoga wollen diesen Prozeß fördern und erleichtern. So betrachtet, stellt die Übung des Yoga ein Vorantreiben, eine Beschleunigung der natürlichen Evolution des Bewußtseins dar.

Halten wir fest: Yoga bedeutet, an den Verwerfungen unserer Psyche (den *Klesas*) zu arbeiten und sie abzubauen. Dies führt zu einem erweiterten Bewußtsein, das heißt zu einer Wahrnehmung, die weniger gefärbt, weniger gebrochen ist. Ein solches Bewußtsein ist schließlich imstande, die Wahrheit, Gott, die Transzendenz zu »schauen«. Dieser Prozeß ist kein »schnelles Geschäft«. Er benötigt einen langen Atem, geduldiges Bemühen, das auch die eigene Person mit ihren Stärken und Schwächen akzeptiert und unser ganzes Wesen erfordert. Denn Yoga ist ein Transfigurationsprozeß, bei dem unsere ganze Personalität »durchgeknetet« und auf etwas Besseres hin umgeschmolzen wird.

Wir wollen uns nun das Konzept der Leidbringer (*Klesas*), der »Strukturfehler« unserer Psyche, im einzelnen ansehen. Anschließend wollen wir das System der *Methoden* des klassischen Yoga näher kennenlernen.

Die Strukturfehler unseres Bewußtseins (Klesas)

Nach dem Menschenbild Patanjalis kommt der Mensch mit fünf »Geburtsfehlern« auf die Welt. Sie sind nach seiner Auffassung letztlich die Ursache dafür, daß der Mensch leidet und nicht zu seiner wahren Natur erwacht. Sie sind gleichsam die »Erbsünde«, die das menschliche Individuum mit sich herumträgt.[9] Denn die *Klesas* sind nach dem klassischen Yoga der Grund für die Trennung von Gott (im Yoga: der »Gott der Tiefe«, *Purusa*, das Selbst).

Patanjali zählt fünf *Klesas* auf:

1. Nichterkenntnis/Unwissenheit (*Avidya*)
2. Egoismus (*Asmita*)
3. Wünsche/Begierden (*Raga*)
4. Aversionen (*Dvesa*)
5. Angst (vor dem Tod) (*Abhinivesa*).

Nichterkenntnis – Die Wurzel allen Übels

»In den besseren Stunden aber wachen wir soweit auf, daß wir erkennen, daß wir träumen.«
(L. Wittgenstein)

Das eigentliche Hauptklesa ist nach Patanjalis Denken die Nichterkenntnis (*Avidya*).[10] Denn die anderen vier *Klesas* leiten sich aus ihr ab. Patanjali beschreibt in einem Bild die Unwissenheit (*Avidya*) als den Ackerboden, in dem die Samen der anderen vier *Klesas* aufgehen und Wurzeln finden (Yoga-Sutra II/4). Ohne diese Basis könnten sie nicht existieren. Ein Mensch, der zu vollkommener (Selbst-)Erkenntnis erwacht, wird danach gleichzeitig auch frei von Egoismen, Begierden, Haß und Ängsten.

Abb. 2: Das *Klesa* Unwissenheit als »Mutterboden« für die übrigen »Leidbringer«

Unter Nichterkenntnis wird hier das Nichterkennen der Transzendenz, der unvergänglichen Realität hinter dem ständigen Wechsel der äußeren Erscheinungen, verstanden. Unser Bewußtsein ist noch nicht ausreichend entwickelt und deshalb nicht imstande, die (höhere) Wirklichkeit wahrzunehmen. Unser (gewöhnlicher) Wachzustand wird – von der Warte des Erkennenden aus betrachtet – als eine Art Traumbewußtsein eingestuft. Neben Wachheit, Traum und traumlosem Tiefschlaf gibt es danach noch einen weiteren Bewußtseinszustand (*Turiya* »der Vierte«), den des Wissenden, Erleuchteten. Und es gilt, wie auch Schopenhauer forderte, aufzuwachen aus diesem Lebenstraum.

Wir sind uns selbst Gefängnis

Bei der praktischen Arbeit an den *Klesas* zeigt sich, daß diese alle miteinander verflochten sind. Ein starkes Ego etwa kann zu einer großen Vereinsamung und zu tiefsitzenden Lebensängsten führen. Starke Wünsche können uns blind machen für die erhabeneren Zusammenhänge des Lebens und unsere Nichterkenntnis verstärken. Diese Interdependenzen sollen mit nachstehendem Schema verdeutlicht werden:

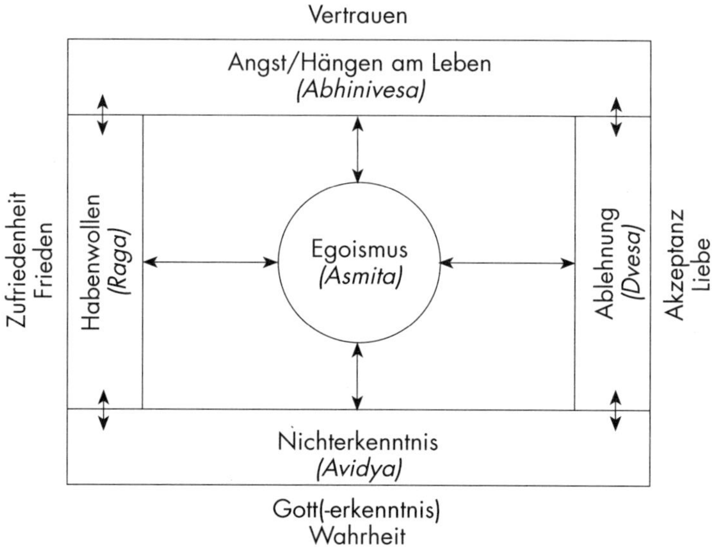

Abb. 3: Gefängnis der Nichterkenntnis oder der Beziehungsrahmen menschlicher Existenz.
Die außerhalb der Gefängnismauern stehenden Begriffe (Vertrauen, Frieden, Liebe usw.) sind »nur« Aspekte des einen Ganzen, der Transzendenz, Gottes. Die Arbeit an den Klesas führt dazu, daß die Mauern dünner werden und Ausblicke möglich sind. Dies wiederum erleichtert das weitere Bemühen um Überwindung der verbliebenen »Leidbringer«.

Jeder von uns sitzt in einem Kokon, der von unseren *Klesas* gesponnen wurde und wird. Wir sind uns selbst Gefängnis. Der Blick nach draußen ist uns verstellt. Wir sind eingekapselt, abgeschottet, leben in der Welt unserer eigenen Vorstellungen, Wünsche, Erwartungen und Feindbilder.

In einem psychologisch tief empfundenen Dialog legt Luise Rinser in »Mirjam«[11] Maria von Magdala und Jesus folgende Worte in den Mund:

Mirjam: »Den Feind lieben sagst du. Aber gibt es überhaupt Feinde? Ich meine, man ist doch nicht von jeher Feind. Man wird's. Aber warum? Aus Angst, aus Habsucht, aus Neid, aus Eifersucht. Aus all dem macht man sich selber einen Feind.«

Und Jesus zu Mirjam: »Nicht Furcht vor Strafe hält ab vom Töten des Lebens und der Seele. Nur die Erkenntnis vom Einssein alles Lebendigen schafft das Friedensreich. Sag das den anderen. Sag es allen! Sag es tausend mal tausendmal. Dies ist mein Auftrag an dich: Lehre die Einheit alles Lebendigen, lehre die Liebe.«

Betrachten wir uns nun das vorstehende Schema aus der Sicht des *Klesas* Egoismus. Unser Ego steht mit dem »Leidbringer« Unwissenheit in einer unseligen Allianz und wechselseitigen Bindung. Das Ego ist starr und festhaltend; es hat eine Vorliebe für den »status quo« und möchte sich nicht ändern. Ein bekannter indischer Weiser der Neuzeit, Ramakrishna, erzählte hierzu einmal eine Parabel:[12]

Ein Frosch lebte seit vielen Jahren in einem Dorfbrunnen. Der Brunnen war sein Leben. Und er dachte – da er noch nie etwas anderes gesehen hatte – dies sei die ganze Welt.

Da kam eines Tages ein anderer Frosch in den Brunnen gehüpft. Dessen Heimat war bisher das Meer gewesen. Ein Hochwasser hatte ihn von dort weggespült, und er suchte eine neue Heimat. Der Bewohner des Dorfbrunnens fragte den Asylsuchenden: »Wo kommst du denn her?« Der Neuankömmling entgegnete: »Vom Meer«.

»Das Meer, was ist das?«, wollte daraufhin der Altbürger wissen. »Oh«, rief da der Fremde aus, »das Meer ist eine riesige Masse Wasser.«

Der Brunnenfrosch wollte es genau wissen. »Ist das Meer ungefähr so breit?« fragte er, spreizte seine Vorderbeine und zeigte auf den Zwischenraum. Der Meerfrosch schmunzelte: »Das Meer ist viel, viel größer«. Ungläubig schaute der Brunnenbewohner den Fremdling an. Er legte seine Hinterbeine auseinander und fragte wieder: »Ist das Meer so groß?« Da lachte der Meeresfrosch laut auf. »Viel, viel größer«, antwortete er.

Nun war der Stolz des Brunnenfrosches verletzt. Unwillig schwamm er von einer Seite des Brunnens zur anderen: »Ist das Meer so groß?« Der Fremde entgegnete: »Ich kann nicht beschreiben, wie groß das Meer ist. Es ist nicht zu vergleichen mit irgend etwas in diesem Brunnen.«

Der Bewohner des Dorfbrunnens platzte schier vor Ärger: »Du lügst!«, rief er aus, »wie kann es etwas Größeres geben als meinen Brunnen. Verschwinde, bevor ich dich umbringe.«

Unser Ego, dies will die Geschichte vermitteln, betrachtet das, was wir vorhin als Gefängnis kennengelernt haben, als sichere Burg und Schutz. Alles, was daran rüttelt, wird abgelehnt, ja als feindlich betrachtet und bekämpft. Dies ist ein Phänomen, das jeder Psychotherapeut kennt: Die Klienten suchen Hilfe, sind gleichzeitig aber oft nicht wirklich bereit, alte, krankmachende Verhaltensweisen zu überdenken und abzulegen. Hier gilt nicht selten der Spruch: »*Wasch mir den Pelz, aber mach' mich nicht naß.*«

Das individuelle Ego kann unterschiedlich stark ausgeprägt sein. Entsprechend groß ist dann auch die Trennung vom Absoluten. Dies zeigt sich darin, daß es solche Menschen sehr schwer haben, wirklich Frieden zu finden (sei es mit sich, sei es mit ihrer Umwelt). Die Überwindung dieses Ich-Stadiums stellt deshalb einen ebenso entscheidenden wie schwierigen Schritt dar. Es ist ein Ablösungsprozeß, bei dem wir das Kostbarste, das wir besitzen, an das wir uns mit allen Fasern unseres Wesens klammern, aufgeben müssen: unser Ich!

Dies heißt nun nicht, daß wir unsere Identität verlieren oder nicht mehr wissen, wer wir sind. Es handelt sich hier vielmehr um eine Erweiterung und Transzendierung unseres Ichs, um ein Sicheinfügen in den Schöpfungsplan. Wie in einem Orchester der einzelne Musiker nach dem Takt des Dirigenten und im Rhythmus der gemeinsamen Musik spielt, so muß sich das Ich erweitern und lernen, sich hinzugeben an die Musik des großen Seins.

Von dieser Erkenntnis sind viele Gebete geprägt. So fleht Gerhard Tersteegen:[13]

»Herr, laß schweigen, was Du nicht selbst in mir redest,
laß still stehen, was Du nicht selbst bewegst,
nimm die Stelle ganz ein, die jetzt ich bin,
und tue in mir und durch mich, was Dir gefällt.

Laß dieses Ich untergehen
und sei Du allein alles in allem.
Führe so mich ganz aus mir selbst
und aus dem Meinen heraus in Dich,
o mein Gott, mein Ursprung und mein Ende.

So bin ich nicht mehr im Schein, sondern im Wesen,
von allem Übel erlöst und frei
und ehre Dich und verherrliche Dich allein, Amen.«

Das gleiche meint Thomas von Kempen, wenn er sagt:[14]

»*Und der ist wohlberaten, der Gottes Willen tut*
und seinen eigenen Willen aufgibt.«

Im Osten lehrte Buddha vor langer Zeit:

»*Stets achtsam tilgend jeden Glauben an ein Ich*
... zum Todbesieger werde so!«

Wollen und Nicht-Wollen – Zwei gefährliche Strudel im Meer des Lebens

Untrennbar mit dem Ich verbunden sind Wünsche und (ihr Gegenstück) Abneigungen. Entweder wollen wir etwas haben (*Raga*) oder wir lehnen einen bestimmten Zustand ab (*Dvesa*). Im ersten Fall laufen wir bestimmten Dingen (Besitz, Geltung, Anerkennung, Macht usw.) nach. Im zweiten Fall wünschen wir, daß eine bestimmte Situation nicht eintritt oder wieder verschwindet. Beide Formen der Wünsche haben ihre Wurzel in unserem Ich, das den Dingen positive oder negative Eigenschaften zuspricht.

Ferner stehen Wünsche und Aversionen in einem gegenseitigen Abhängigkeitsverhältnis. Wenn wir beispielsweise unbedingt ein rotes Auto haben wollen, werden wir zwangsläufig ein grünes Auto ablehnen. Das heißt mit anderen Worten, je stärker wir auf etwas Bestimmtes festgelegt sind, um so stärker wird unsere Ablehnung anderen Dingen gegenüber. Allgemeiner und nun schon etwas philosophisch ausgedrückt, könnte man sagen: Je mehr wir uns für die Lust entscheiden,[15] um so mehr wählen wir auch das Leid. Auch wenn uns der Zusammenhang meist nicht bewußt ist: beide Zustände bedingen einander; sie sind wie zwei Seiten einer Münze. In König Lear sagt Shakespeare:[16]

»*Die Götter sind gerecht: Aus unsern Lüsten erschaffen sie das Werkzeug, uns zu geißeln.«*

Wünsche entstehen, weil unser Ich sich vordrängt und weil wir der Struktur unserer Psyche nicht gewahr sind. Wenn wir uns fragen würden «Warum gefällt mir ein rotes Auto besser als ein grünes?», wäre uns die Chance eröffnet, hinter die Kulissen unserer Gefühls- und Gedankenwelt blicken. Es wäre uns – nach und nach – möglich, Zusammenhänge in unserer Psyche zu erkennen und uns besser zu verstehen. Gleichzeitig würden bei diesem Prozeß die Wünsche schwächer. Der Vorgang des Erkennens hat diese Kraft und bewirkt eine solche Befreiung.

Eine solche Art des Selbststudiums und die hieraus folgende schrittweise Selbsterkenntnis führen zum Abbau der *Klesas* Wünsche (*Raga*), Aversionen (*Dvesa*), Egoismus (*Asmita*) und vor allem Nichterkenntnis (*Avidya*). Umgekehrt gilt: Solange Wünsche uns antreiben, besteht die Gefahr, daß der Sinn für das Rechte und Falsche beeinträchtigt wird. Dadurch wird unser Leben schwierig und leidvoll.

Lebensdurst gebiert Angst

Unsere Begierden und Aversionen, die Pro- und Kontra-Wünsche, treiben uns in einen Teufelskreis (vgl. Abbildung 4):

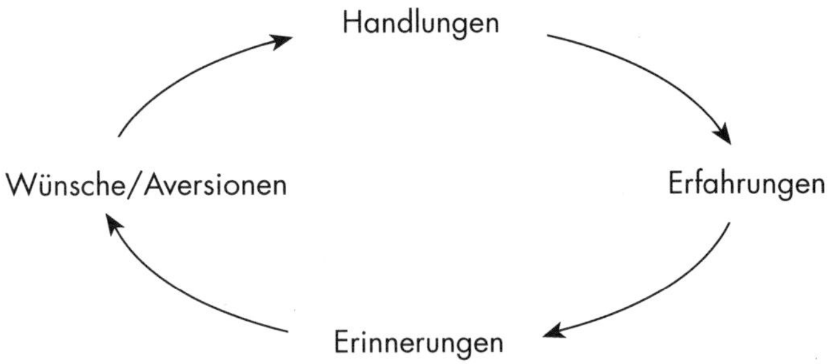

Abb. 4: Der Teufelskreis des »Lebensdurstes«

Unsere Wünsche führen meist irgendwann zu Handlungen. Aus einer Handlung resultieren bestimmte Erfahrungen (lust- oder leidvolle). Diese Erfahrungen werden in den Kammern unseres Gedächtnisses gespeichert. Wenn wir in eine ähnliche Situation kommen, werden durch die Kraft der Erinnerung die alten Erfahrungen wieder lebendig. Waren es positive Erfahrungen, so kommen die alten Wünsche wieder hoch; sie motivieren uns zu neuen Handlungen. Unangenehme Erinnerungen dagegen lassen uns aktiv werden, um der als leidvoll angesehenen Situation zu begegnen.

Dieses psychologische »Naturgesetz« hat Wilhelm Busch in eine humoristische Form gebracht:

> *»Wonach du sehnlich ausgeschaut, es wurde dir beschieden. Du triumphierst und jubelst laut: ›Jetzt hab ich endlich Frieden.‹*
> *Ach, Freundchen, rede nicht so wild, bezähme deine Zunge. Ein jeder Mensch, wenn er erfüllt, kriegt augenblicklich Junge.«*

Viele Wünsche hängen mit dem Körper zusammen (Essen, Kleidung, Wohnen, usw.). Dadurch haben wir Angst vor dem Sterben und klammern uns ans Leben. Denn der Tod, mit dem der Verlust des Körpers verbunden ist, würde die Möglichkeit der Wunschbefriedigung beseitigen. Solange wir nach dem Muster von Begierden und Aversionen leben, besteht diese Angst. Sie wird schwächer, wenn wir aus dem Spannungsfeld der beiden Pole Wünsche und Aversionen herauswachsen. Die Angst vor dem Tod ist letztlich die Wurzel, der alle anderen Ängste entspringen.

Die Ängste reduzieren sich aber auch, wenn die Nichterkenntnis beseitigt wird. Das heißt, in dem Maße, in dem der Mensch erfährt, daß er seiner innersten Natur nach ein geistiges, unsterbliches Wesen ist, lösen sich auch Ängste auf. Um zu einer solchen (tiefen) Erfahrung zu kommen, bedarf es der Reduzierung unserer Wünsche und der Überwindung unseres Egos. Damit ist gemeint: Wir können spirituelle Erkenntnis meist nicht auf direktem Wege erlangen, indem wir das Klesa Nichterkenntnis durch eine »Patentlösung« aus dem Wege räumen. Ein innerer Wachstumsprozeß ist nötig. Wir müssen beginnen – allmählich und stufenweise – unser Ego abzubauen und unsere Wünsche beziehungsweise Aversionen zu reduzieren. Wir müssen ferner versuchen, unseren Ängsten durch den Aufbau von Vertrauen zu begegnen und dadurch, daß wir uns bemühen, ihre Hintergründe zu erkennen.

Heraus aus dem Käfig des Leides

> *»Unser Bewußtsein ist eine optische Täuschung,*
> *die wie ein Gefängnis wirkt.*
> *Unsere Aufgabe ist, uns daraus zu befreien.«*
> *(Albert Einstein)*

Frei zu werden bedeutet im System des Raja-Yoga, an den *Klesas* zu arbeiten. Die optische Täuschung, das Gefängnis, ist der in

Abbildung 3 skizzierte Käfig der Nichterkenntnis.[17] Wenn wir uns dieses Bild noch einmal betrachten, so erkennen wir: *Theoretisch* liegt der Weg in die Freiheit offen vor uns. Wir müßten »nur« unser Verhalten ändern. Wenn wir

statt Angst ein Gefühl von Vertrauen,
statt Habenwollen ein Gefühl von Zufriedenheit,
statt Ablehnung Gefühle von Toleranz und Akzeptanz,
statt Egoismus ein Gefühl von Nächstenliebe

entwickeln könnten, so würde sich allmählich die Nichterkenntnis in Erkenntnis (der Wahrheit/Gottes) wandeln. Die praktische Umsetzung erfordert Selbstbeobachtung und Disziplin, Hingabe und Geduld. Aber es ist dies der Pfad zur Weisheit, zur Heilung des Menschen und es ist dies die Richtung der Evolution unseres Bewußtseins.

Wenn wir diesen Weg beschreiten, wird aus dem Teufelskreis des Lebens ein Gnadenkreis, nämlich ein sich positiv verstärkender Regelkreis: Wenn wir stufenweise Erkenntnis, ein höheres Bewußtsein gewinnen, schwächen wir so auch die anderen *Klesas*. Denn diese nähren sich aus der Kraft der Nichterkenntnis (*Avidya*). Je mehr diese *Klesas* »verdünnt« werden, um so leichter ist dann wiederum Erkenntnis möglich; und die Schleier von *Avidya* (Nichterkenntnis) können abgestreift werden.

Es dürfte klar geworden sein, daß dieser Weg lang ist und ein unablässiges Bemühen voraussetzt. Die vielfältigen Übungen des Yoga helfen aber, diesen Weg gangbar zu machen und ihn positiv zu erleben. Sie sind weder selbsthypnotische Techniken noch eine Form von Drogenersatz, mit denen man sich in einen übersinnlichen Zustand versetzt, ohne daß die Persönlichkeit entsprechend entwickelt wurde.

Drogen sind kein Ersatz auf dem Weg zur Transzendenz. Denn mit ihnen werden die *Klesas* allenfalls nur momentan ausgeschaltet, »überlistet«, und diese rächen sich, indem sie hinterher mit um so stärkerer Wirkung von uns Besitz ergreifen.[18] Wenn jemand Rauschgift nimmt, schaltet er für die Dauer des Rausches sein Ego aus. Aber hinterher ist es wieder vorhanden; alle Wünsche, Aversionen und Ängste stellen sich wieder ein und sind womöglich stärker als vorher. Drogen vermindern die Bereitschaft, die eigene Lebenssituation und -aufgabe anzunehmen; die Fähigkeit, Mitmenschen zu akzeptieren, wird aufgelöst. Der Drogenanwender wird sich so allmählich aus der Welt herausentwickeln.

Im übrigen läßt sich das, was er in seinem Rausch erlebt, nicht gleichsetzen mit der Schau der Wahrheit oder der Schau

Gottes durch unsere Heiligen und Seher. Denn das Erlebnis via Droge ist eine gestohlene Erfahrung.[19] Sie kann aufgrund der fehlenden Reife des Probanden nicht in seiner Person integriert werden. Dem Drogenkonsumenten fehlt die Möglichkeit, mit diesen Erlebnissen umzugehen und sie zu verstehen. Er läßt sich vergleichen mit einem Kirchenräuber, der zwar einige sakrale Schätze sieht und diese mitnimmt. Ihm sticht aber nur ihr materieller Wert, das Glitzern des Goldes und der Edelsteine in die Augen. Er erkennt nicht, daß diese Kostbarkeiten letztlich nur Ausdruck und Symbol sind, um etwas Größeres, Unfaßbares – wenigstens gleichnishaft – einzufangen und zu vermitteln. Dieses durch die Gegenstände nur Vertretene ist das eigentlich Wesentliche. Hiervon schließt sich jemand aus, der zu Drogen greift. Denn er spürt das Verbotene seiner Handlung und versieht sich mit dem Zeichen des noch Unreifen, da Ungeduldigen und Neugierigen.

Wir wollen uns nun den Techniken des klassischen Yoga zuwenden. Dabei werden wir erkennen, daß diese in umfassende Übungskonzepte eingebettet sind, die sich am einzelnen Übenden (»Schüler«) orientieren. Das heißt, nicht jede Übung ist für alle gleich gut und effektiv. Es kommt darauf an, eine individuell angepaßte Methode zu verwenden.

Die Berücksichtigung der Individualität des Menschen

Naturell und Methode

Jeder Mensch ist einzigartig und unterscheidet sich von seinem Mitmenschen. Jeder hat Stärken und Schwächen. Der eine ist mehr emotional, der andere mehr intellektuell veranlagt. Es gibt Menschen, die bildhafte Vorstellungen vorziehen, die visuell aufnehmen, und andere, die die Abstraktion brauchen. Wieder andere sind handwerklich-praktisch orientiert oder haben künstlerische Neigungen. Eine weitere Gruppe von Menschen fühlt sich vielleicht eher in dienenden Berufen zuhause. Diese Aufzählung könnte man fortsetzen.

Ausgehend von der Grundtatsache, daß die Menschen unterschiedlich veranlagt sind, haben sich im Laufe der Zeit ganz unterschiedliche Yoga-Wege herausgebildet; sie tragen den individuellen Naturen und Begabungen, aber auch Schwächen der Menschen Rechnung. Die einzelnen Spielarten sind vielfältig und fast unübersehbar.[1] Nicht jede der Yoga-Traditionen stellt ein geschlossenes System dar; es gibt auch zahlreiche Überschneidungen. Die großen Yoga-Wege jedoch sind bis ins Detail ausgearbeitet; über sie steht auch eine umfangreiche Literatur zur Verfügung.

Zu nennen wären hier zunächst die fünf bekannten, bereits erwähnten Traditionslinien des *Hatha-*, *Raja-*, *Karma-*, *Bhakti-* und *Jnana*-Yoga. Der *Hatha-Yoga*[2] will über die Reinigung von Körper-, Nerven- und Hormonsystem sowie bestimmter »Energieadern« (Sanskrit: *Nadis*) auch eine Reinigung der Psyche und des Denkens erreichen. Dabei betrachtet sich diese Disziplin jedoch nur als Vorstufe zum Raja-Yoga.[3]

Der *Raja-Yoga* ist der Yoga der Psyche und des Geistes. Er überliefert ein tiefes Wissen über Gedankenkontrolle, besonders über Konzentration und Meditation, über Selbsterziehung sowie über spirituelle und psychische Techniken. Um den Raja-Yoga geht es im Rahmen unserer Betrachtung. Mit ihm haben wir den klassischen Yoga von Patanjalis Yoga-Sutra vor uns.

Im *Karma-Yoga* steht die Arbeit im Mittelpunkt der Übung, das heißt die richtige Arbeitseinstellung bei der Bewältigung der täglichen Pflichten. Durch rechtes Handeln soll ein höheres Bewußtsein erlangt werden. (Das Wort *Karma* kommt von der Sanskrit-Wurzel *kri* »tun«, »machen«). Dieser Weg ist vor allem für den aktiven, tätigen Menschen geeignet.

Der *Bhakti*-Yogi beschreitet den Weg der Liebe. Objekt dieser Liebe ist eine persönliche Gottheit.[4] Wir haben hier einen Weg vor uns, der gläubigen, gefühlvollen Menschen entspricht. Die christliche Glaubenspraxis kann als ein Bhakti-Yoga-Weg aufgefaßt und gelebt werden.

Der *Jnana-Yoga* schließlich ist für Menschen mit klarem Verstand und dem unbedingten Vorsatz, die höhere Wirklichkeit zu erkennen, geeignet. Es ist der Weg der unterscheidenden Erkenntnis. Hier stellt sich der Übende radikale Fragen: »Was ist ewig?«, »was ist bleibend?« und so weiter. Auf diese Weise wird alles Vergängliche, Weltliche entlarvt und als nicht göttlich erkannt. Die hohe Abstraktion dieses Weges wird wohl am besten durch das Leben und die Lehre des bekannten indischen Weisen dieses Jahrhunderts, Ramana Maharshi, deutlich.[5]

Aber es gibt noch weitaus mehr lebende Traditionen. Erwähnt werden sollen nur noch vier weitere Wege: Im *Mantra*-Yoga besteht die Übung in der Rezitation von Gebeten, »heiligen« Silben, Wörtern und Sätzen. Das Herzensgebet der Ostkirche ist als eine Form des Mantra-Yoga anzusehen.[6] Der *Japa*-Yoga (sprich: Dschappa-Yoga) besteht in einer Murmelmeditation.[7] Im Westen kann man das Rosenkranzbeten als einen solchen Yoga-Weg betrachten. Im *Laya*-Yoga erfolgt eine Konzentration auf innere Klänge. Und im *Kundalini*- und *Tantra*-Yoga geht es um die Erwekkung spiritueller Energie.[8]

All diese Wege wollen auf ihre Weise das menschliche Bewußtsein erweitern und seine Evolution voranbringen. Sie alle beinhalten die Arbeit an den *Klesas*. Dabei darf freilich nicht übersehen werden, daß die Angebote einzelner Yoga-Wege im Westen diesem Anspruch oft nicht mehr genügen. Hatha-Yoga wird vielfach als Fitness-Programm für den Körper betrachtet.[9] Mantra- und Bhakti-Yoga sind nicht selten hinduistisch ausgerichtet[10] und bergen die Gefahr einer Desintegration der Persönlichkeit, wenn der kulturelle Hintergrund des Übenden nicht ausreichend berücksichtigt wird. Die Angebote an Tantra-Yoga werben im Untertitel zum Teil mit einer Steigerung des (sexuellen) Liebesgenusses,[11] während es in der ernsthaften Tradition dieses Yoga-Weges gerade um eine Beherrschung und Überwindung der sexuellen Kräfte geht und auch die hierauf gerichteten Übungen nur einen schmalen Ausschnitt einer umfassenden Schulung darstellen.

Die »Reifegrade« der Übenden

Die verschiedenen Yoga-Übenden haben aber nicht nur unterschiedliche Naturen und Begabungen; sie stehen auch auf verschiedenen Entwicklungsstufen. Es gibt Personen, die bereits ein hohes Maß an Hingabe, Selbstdisziplin und Tugendhaftigkeit besitzen. Sie sind imstande, sich zu konzentrieren und den Reizen der Sinne entgegenzuwirken. Dadurch ist es ihnen möglich, tiefer zu blicken und Zusammenhänge zu erkennen. Bildlich gesprochen: Der Ruß auf ihrer Bewußtseinsscheibe ist schon zu einem guten Maß abgetragen.

Dann gibt es Menschen, die genießen wollen. Sie bejahen das Spiel des Lebens exzessiv, sind voll an die Welt hingegeben. Ihr Denken und Handeln erschöpft sich in Beruf, Freizeit, gesellschaftlicher Anerkennung, Essen und Trinken, Kleidung, Wohnung und Besitz. Hier besteht nur geringe Motivation, das Karussell des Lebens zu durchschauen, zu fragen: was ist der Sinn hinter all dem bunten Treiben, dem Hin und Her, dem Auf und Ab der Welt?

Zu einem Wachwerden, einem Sichöffnen, einer Erweiterung des Horizonts jenseits des bisherigen Bewußtseinsstandes kommt es frühestens dann, wenn akute körperliche Signale (wie Bluthochdruck, Magengeschwür, Migräne, Neurosen, Ängste usw.) auf das eherne Gesetz des Lebens hinweisen: Der Lebenstraum, der Lebenstaumel bringt keine dauernde Befriedigung.

Dennoch: Der Leidensdruck kann zu einem Aufbruch führen. Meist ist dies ein zaghafter Neubeginn. Es fällt schwer, die bisherige Lebensweise aufzugeben. Die Einstellung ist oft die eines Kranken, der zwar gesund werden, aber die Medizin nicht einnehmen will. Sie könnte ja bitter sein oder schädliche Nebenwirkungen hervorrufen.

Diese Menschen haben häufig eine schwache Motivation. Sie gehören zu denen, von denen es in der Bibel heißt:

> *»Wer seine Hand an den Pflug legt und sieht zurück, der ist nicht geeignet für das Reich Gottes«* (Lk. 9,62).

Sie müssen erst lernen, Vertrauen zu entwickeln. Sie müssen erkennen, daß das, worauf sie sich einlassen, etwas Gutes ist, etwas, das ihnen hilft. Hierzu eignen sich vor allem die Körper- und Entspannungsübungen. Hier kann man nach jeder Übung sofort das wohltuende Resultat spüren und »mit nach Hause nehmen«. Auf diese Weise wird der Mut gestärkt, nach vorne zu blicken, und es werden alte Zwänge abgebaut. Meist erwacht nach einiger Zeit das Interesse an den tieferen Zusammenhängen des Lebens; und die Suche nach spiritueller Erfahrung beginnt.

Die fünf »Schülerklassen«

Die Spannbreite der Qualifikation der Yoga-»Schüler« ist also sehr groß. Es liegt auf der Hand, daß deshalb auch unterschiedliche Übungen eingesetzt werden müssen. Ein schwach motivierter,

Schüler-klassen	**Bewußt-seinsver-fassung**	**Charakterisierung**	**Übungs-konzept**	**Fundstelle im Yoga-Sutra**
I	*Ksipta* (getrieben, ruhelos)	Angeborenes Getriebensein. Hat weder die Geduld für Kontemplation, noch sieht dieser Schüler eine Notwendigkeit dafür. Ihm fehlt die Fähigkeit, nachhaltig an ein höheres Prinzip (Gott, Liebe, Wahrheit etc.) zu denken und sich hierauf einzulassen.	Astanga-Yoga (achtstufiger Pfad)	II/28–III/3
II	*Mudha* (stumpf, träg)	Materielle, weltliche Interessen halten das Denken gefangen. Starke Sinnenorientierung. Ebenfalls unfähig, sich auf ein höheres Prinzip auszurichten.		
III	*Viksipta* (gelegentlich konzentriert)	Zeitweise konzentriert, zeitweise abgelenkt. Die meisten der ernsthaft spirituell Strebenden fallen in diese Klasse. Fähigkeit, die wahre Natur der Wirklichkeit zu erkennen, wenn sie davon hören und darüber nachdenken.	Kriya-Yoga (Yoga des Handelns)	II/1–27
IV	*Ekagra* (zentriert)	Zielgerichtet. Keine Ablenkung. Alle Gedanken sind auf das eine höhere, geistige Ziel bezogen. Es erfaßt auch die Träume.	Abhyasa und Vairagya (ständige Übung um Losgelöstheit; Stufe Samprajnat-Samadhi)	I/12–15; 17
V	*Nirodha* (vollkommene Konzentration)	Der Denkprozeß ist unter vollkommener Kontrolle. Gedanken und Gefühle sind »angebunden«. Konzentration, bei der kein Gedanke mehr stört, ist über eine lange Zeit möglich. Tiefer innerer Frieden.	Abhyasa und Para-Vairagya (ständige Übung um höhere Form der Losgelöstheit; Stufe Asamprajnat-Samadhi)	I/16; 18–20

Abb. 5: Die fünf »Schülerklassen« und die zugehörigen Übungskonzepte

zerstreuter, diesseitsorientierter Übender benötigt (und sucht) andere Techniken als ein spiritueller Sucher, der mit klarem Bewußtsein und großer Hingabe sein hohes geistiges Ziel verfolgt. Patanjali bietet deshalb in seinem Yoga-Sutra mehrere Übungskonzepte an – insgesamt sind es vier (siehe Abbildung 5, Spalte 4).

Dabei ist es offensichtlich – auch wenn es von Patanjali selbst nicht ausdrücklich ausgesprochen wird –, daß diese vier Wege den unterschiedlichen Möglichkeiten der Yoga-Übenden gerecht werden sollen.[12] Maßgebendes Kriterium für die Auswahl des geeigneten Übungskonzepts ist die Fähigkeit des Yoga-»Schülers« zu geistiger Sammlung (Konzentration).

Die Fähigkeit zu geistiger Sammlung als Kriterium der Klassifizierung

Für die Einteilung der Yoga-Übenden nach ihrer Fähigkeit zu geistiger Sammlung halten wir uns im folgenden an *Vyasa*, den ältesten Kommentar (wahrscheinlich 6. Jh. n. Chr.)[13] zum Yoga-Sutra. Dieser Kommentar kann als authentisch angesehen werden, wenn es gilt, Patanjalis abgekürzte, abstrakte Leitsätze zu entschlüsseln. Folgt man dieser Einteilung, so ergibt sich die in Abbildung 5 gezeigte Systematisierung und Zuordnung der vier Übungswege zu den betreffenden »Schülerklassen«.[14]

Nach *Vyasa* sind fünf Bewußtseinsverfassungen (Grade der Fähigkeit zu geistiger Sammlung) zu unterscheiden:[15]

I. *Ksipta* (getrieben, ruhelos)
II. *Mudha* (stumpf, träge)
III. *Viksipta* (gelegentlich konzentriert)
IV. *Ekagra* (zentriert, gute Konzentration)
V. *Nirodha* (vollkommene Konzentration)

Die Unterscheidung dieser fünf Zustände der psychisch-geistigen Verfassung (insbesondere der Konzentrationsfähigkeit) hat den Sinn, »Schülerklassen« zu bilden. Natürlich kann die Befindlichkeit eines Menschen wechseln. Aber die Qualifizierung ist nach demjenigen Bewußtseinszustand vorzunehmen, welcher *vorherrscht*.[16] So wird man beispielsweise einen getriebenen, ruhelosen Menschen unschwer in die Kategorie I einordnen können, auch wenn in der betreffenden Person (seltene) Momente von konzentrierter Wachheit und Ruhe vorhanden sein mögen. Entsprechend verhält es sich mit der Zuordnung zu den anderen Klassen.

Die Einteilung der »Schüler« darf nicht zu dem Fehlschluß verleiten, hier würden Menschen bewertet, um sie in ein Güteklassen-System einzuordnen. Erst recht nicht sollen Menschen nach »gut« und »schlecht« sortiert werden. Die Gruppenbildung hat allein den Zweck, die Yoga-Übenden dort abzuholen, wo sie stehen.

An dieser Stelle zeigt sich, daß Yoga ein Übungs- und Erfahrungsweg ist. Es gehört zum Wesen eines jeden Lernens und Übens, daß Gruppen oder Klassen gebildet werden. Dies ist im Sport nicht anders als in der Schule. Durch die Einteilung in Klassen soll sichergestellt werden, daß der Lernende nicht überfordert wird. Jeder bekommt Aufgaben und Übungen zugeteilt, die seinen Fähigkeiten und seinem Lernfortschritt entsprechen. So beginnt man in der Schule nicht gleich mit der »höheren Mathematik«. Der Schüler lernt und übt sich vielmehr im Laufe der Jahre zu ihr hin.

Die Klassenbildung im klassischen Yoga will dafür sorgen, daß dem Yoga-»Schüler« solche Techniken zugeordnet werden, die seiner Persönlichkeit entsprechen. So würde eine Methode, die höchste Konzentration und schon ein höheres Bewußtsein voraussetzt, einen zerstreuten und getriebenen Menschen überfordern. Ja, er würde von sich aus mit dieser Technik nicht zurecht kommen und sie ablehnen, weil die Übungen an seiner Erfahrungswirklichkeit vorbeigingen.

Umgekehrt sind Übungen, die für diesen Menschen sehr wohltuend und hilfreich sein können, für einen fortgeschritteneren Yoga-Praktiker nicht mehr notwendig. So sind für einen Menschen auf der Stufe *Ekagra* und *Nirodha* Körperübungen und Pranayamas überflüssig (geworden).[17] Zwar kann es sinnvoll sein, auch auf dieser geistigen Stufe Übungen auszuführen, die den Körper gesund erhalten. Aber die Körperübungen haben hier eine andere Funktion. Sie sind dann nicht mehr eine (Vor-)Stufe auf dem geistigen Weg.

In der spirituellen Tradition der Ostkirche sind solche Einteilungen nicht unbekannt:[18]

> *»Der natürliche Mensch schreitet notwendig von Kindheit zu Jugend und Reifealter und ändert sich mit jeder Lebensstufe. Der Jüngling empfindet anders als ein Kind, er kehrt nie mehr zum Säuglingszustand zurück.*
>
> *Ebenso gibt es im geistigen Leben Stufen der Reife, und es ist eine Tatsache, nicht eine Beleidigung, auf verschiedenen Stufen zu stehen. Niemand klage darüber, daß ihm unerreichbar ist, was ein anderer erreicht. Vielmehr nehme jeder*

sein geistiges Alter in Selbsterkenntnis und Demut auf sich; denn die Last und die Verantwortung höherer Gaben übersteigen ohnehin seine Kräfte.«

Im übrigen ist die Klassenbildung, wie sie in Abbildung 5 gezeigt wurde, nur als Momentaufnahme zu verstehen. Denn der spirituelle Prozeß ist dynamisch. Aus den Yoga-Übungen folgt eine Bewußtseinsentwicklung. Sie läßt sich nicht in ein starres, verbindliches Schema pressen. Wir können die Systematisierung als *vorläufige* Gebrauchsanweisung (für Yoga-Lehrer und -»Schüler«) betrachten: Ein Yoga-»Schüler« gehört zu einer der in Abbildung 5 aufgezeigten »Klassen« und wendet deshalb die ihm zugeordnete, weil für seinen Entwicklungsstand passende Methode an. Er wird sich im Verlauf seiner Bemühungen weiterentwickeln und deshalb – nach Jahren der Übung – einer anderen Gruppe zuzuordnen sein. Dann wird er hauptsächlich das Übungskonzept anwenden, welches für diese »Schülerklasse« gedacht ist. Der Systematik liegt ein solcher Lernfortschritt zugrunde. Denn wenn der Übende das letzte Ziel im Yoga, *Kaivalya* (»absolutes Gelöstsein«, »absolutes Einssein«; unsere Mystiker sprechen, wie sich noch zeigen wird, von »Bloßheit«), erreichen möchte, wird er »Klasse« um »Klasse« höher geführt.

In einem entscheidenden Punkt unterscheidet sich diese Klassenbildung aber von der in der Schule. Wie wir noch sehen werden, hängt der Fortschritt nicht allein von der Begabung und dem Fleiß des Schülers ab, sondern ist auch ein Ausfluß göttlicher Gnade.

Eine kleine Geschichte möge illustrieren, wie die Techniken ineinandergreifen.

Ein Minister fiel in Ungnade und wurde verbannt. Er wurde in einem Turm gefangengesetzt, der nur oben ein Fenster hatte. Die Türe unten wurde zugemauert. Glücklicherweise hatte der Minister eine treue Frau. Als sie kam, um ihn zu besuchen, hieß er sie, am nächsten Tag folgendes mitzubringen: Einen Käfer, einen Seidenfaden, einen Bindfaden, eine Schnur, ein Seil und etwas Honig.

Die Frau wunderte sich darüber, war es aber gewohnt, den Anweisungen ihres Mannes zu folgen. Am anderen Tag hatte sie alles dabei, was bestellt war.

Der Minister wies seine Frau an, den Seidenfaden an einem der Hinterbeine des Käfers zu befestigen. Sodann sollte sie auf die Fühler etwas Honig streichen und dann das Tier auf der Mauer des Turmes so aufsetzen, daß sein Kopf auf das Fenster des Turmes gerichtet war.

Der Käfer folgte dem Geruch des Honigs und krabbelte immerzu, bis er schließlich die Fensteröffnung erreichte. Nun hielt der Minister den Seidenfaden in der Hand. An dessen unteres Ende ließ er den Bindfaden knüpfen und zog diesen am Seidenfaden hoch. Mit Hilfe des Bindfadens konnte er die Schnur in seinen Besitz bringen und mit dieser wiederum das Seil. – Und an dem Seil konnte er sich hinunterlassen und war frei.

Sehen wir uns nun die fünf »Schülerklassen« etwas näher an.

Der getriebene, unruhige Typ

Der »Schüler« der Klasse I läßt sich als von Natur aus unruhig charakterisieren (*ksipta* »geworfen«, »geschleudert«). Er hat ein unsicheres Wesen, steht unter Angst, ist ruhelos und getrieben. In seinem Tagesablauf fehlt die Zeit für Ruhe, Entspannung oder gar Kontemplation. Er unterliegt so stark dem Reiz-Reaktions-Muster, daß er gar nicht imstande ist, ernsthaft an höhere Dinge zu denken. Er hat keinen tieferen Bezug zu einem absoluten Prinzip (Gott, Liebe, Wahrheit, ewiges Gesetz usw.) und wird so zum Spielball in der Brandung der sich stets verändernden Lebenssituationen. Hier wird seine ganze Energie verbraucht. Ihm fehlt deshalb die Kraft, sich auf ein geistiges Ziel auszurichten. Die Konzentrationsfähigkeit ist sehr schwach und beschränkt sich auf aktionistische Tätigkeiten.

Der »weltliche« Typ

Der »Schüler« der II. Klasse ist »weltlich« orientiert (*mudha* »betört«, »fehlgeleitet«). Er empfindet kein Interesse an Spiritualität und verschließt sich ihr sogar. Ein solcher Mensch kann durchaus Kirchgänger sein, aus Gewohnheit oder aus gesellschaftlichen Gründen. Aber dieser Religionsbezug ist nur Tünche; die Beziehung zu Gott hat keine wirklich verwandelnde Kraft, die ihn in seiner innersten Natur erfassen könnte; seine Interessen sind auf materielle Ziele (Einkommen, Besitz, beruflicher Aufstieg, gesellschaftliche Stellung etc.) gerichtet. Konzentration und Ausdauer sind über einen längeren Zeitraum möglich, sofern es um das Erreichen solcher Vorhaben geht. Die Diesseitsorientierung macht diese Menschen unfähig, sich auf ein höheres Prinzip hin auszurichten. Wirklichkeiten, die jenseits der sinnlichen Wahrnehmung liegen (können), befinden sich außerhalb seines Erfahrungsbereiches und werden deshalb ignoriert. Im Unterschied zum »Schüler« der Kategorie I ist seine Konzentrationsfähigkeit schon ein gutes Stück entwickelt. Er ist ferner in der Lage, Verzicht zu üben. Denn dies muß er tun, um das ins Auge gefaßte, materielle Ziel zu erreichen. Er wird nicht mehr von jedem Wunsch angezogen, sondern kann auswählen. Seine Frustrationsschwelle ist höher; seine Fähigkeit und seine Bereitschaft, Situationen zu akzeptieren, sind besser entwickelt.

Der Sucher

Zwischen der »Schülerklasse« II und III besteht ein entscheidender Unterschied. Die *Viksipta*-»Schüler« (*viksipta* »abgelenkt«) sind bereits in der Lage, wenigstens zeitweise über den Tellerrand des weltlichen Seins zu blicken und absolute Wahrheiten zu erkennen. In einer solchen Phase des Gesammeltseins sind diese Menschen dann in der Lage, die wahre Natur der Wirklichkeit zu erkennen, etwa wenn sie davon hören und darüber nachdenken. Sie haben sich allerdings noch nicht soweit stabilisiert, daß sie davon nicht mehr abgelenkt werden. Deshalb werden sie zu anderen Zeiten wieder in den Lebensstrudel hineingezogen. Während also die »Schüler« der Klasse I und II spirituellen Dingen wenig Beachtung schenken, ist dies bei den »Schülern« der Klasse III sehr wohl der Fall.

In diese Kategorie fallen die meisten der ernsthaft spirituell Strebenden. Sie vergeuden nicht ihre ganze Energie im Kampf ums Dasein, um Anerkennung und Status, sondern ringen um höhere Erkenntnis. Dabei wird die Suche nicht immer mit der gleichen Intensität erfolgen. Phasen mit höherer Konzentration werden abgelöst von Phasen, in denen diese Personen wieder ins »Getriebe des Lebens« zurückfallen. Aber diese »Schüler« werden sich immer wieder an die Tatsache erinnern: Es gibt ein absolutes Sein, eine höhere Wirklichkeit. Dorthin sind sie unterwegs.

Der »Heilige« der Anfangsstufe

Ab der »Schülerklasse« IV beginnt das Stadium des »Heiligen«.[19] Sein ganzes Denken ist nur auf Gott gerichtet. Es ist dies der *Ekagra*-»Schüler« (von *eka* »eins«). Sein Sinnen und Trachten besteht nur darin, die Transzendenz zu verwirklichen, auch wenn er seinen täglichen Pflichten nachgeht. Die Welt lenkt ihn nicht mehr ab. Alle Gedanken sind gebündelt und auf das eine höhere geistige Ziel bezogen. Dies ist nicht nur im Wachbewußtsein präsent, sondern lebt auch in seinen Träumen.

Der fortgeschrittene »Heilige«

Auf der Stufe V, dem *Nirodha*-Stadium (*Nirodha* »Unterdrükkung«, »Aufgehörthaben«, »Ruhiggestelltsein«), hat jemand ein geistiges Stadium erreicht, auf dem der Denkprozeß unter weitestgehender Kontrolle steht. Höchste geistige Sammlung, bei der keine Ablenkung mehr erfolgt, ist über eine lange Zeit möglich. Die Innenwelt einer solchen Person ist dann so ruhig, daß die höhere Wirklichkeit, Gott, wie in einem Spiegel sichtbar werden kann.

Diese außergewöhnliche Konzentration darf man sich aber nicht so vorstellen, als sei sie *allein* aufgrund der Willensanstrengung und der geistigen Disziplin des Yoga-Übenden möglich. Wie wir sehen werden, ist ein solcher Geisteszustand immer auch Resultat göttlicher Gnade:[20] Denn letztlich ist es Gott, der die Gedanken festhält und somit die Voraussetzungen schafft, um ins menschliche Bewußtsein zu treten.

Bei Menschen, die diesen Geisteszustand erreicht haben, handelt es sich um außergewöhnliche Gestalten. Sie gelten als Erleuchtete, Seher, Heilige, die Wunder tun können.[21] Aber sie sind – so unglaublich dies klingen mag – aus der Sicht des Yoga-Sutra noch »Schüler« oder – vielleicht besser – Unvollendete. Das heißt, es handelt sich zwar bei ihnen um sehr weit entwickelte Personen; sie sind aber noch nicht (ganz) am Ende des Weges angekommen.

Befreiung – Das Ende des Weges

Das letzte Ziel hat erreicht, wer bereits zu Lebzeiten »erlöst« ist. Das Ende der Bewußtseinsentwicklung wird im Yoga als *Kaivalya* bezeichnet (von *kevala* »einzig«, »vollständig«, »allein«). Hierunter wird ein Bewußtseinsstand verstanden, der in der deutschen Mystik »Bloßheit« genannt wird.[22] Ein solcher Mensch ist auf Dauer mit Gott vereinigt. Wer ein solches Gottesbewußtsein verwirklicht hat, ist von den Reizen der Sinne frei. Er ist – mit einem Ausdruck des Thomas von Kempen – von der Welt »losgeschält«.[23] Erst auf dieser Stufe der Evolution menschlichen Bewußtseins ist das höchste Sein, die Vollendung des Menschen vollbracht.

Samadhi – Das Tor zur Freiheit

Yoga – Beherrschung der Innenwelt

»Gewalt, die alle Wesen bindet,
erlangt, wer selbst sich überwindet.«
(Goethe)

Wir haben soeben den Begriff des *Kaivalya* (endgültige Befreiung, Bloßheit) eingeführt und diesen Zustand als das letzte Ziel im Yoga kennengelernt. Davon zu unterscheiden ist *Samadhi* (Erleuchtung, reine Schau). Dies ist ein wichtiger Begriff im Yoga. Wir wollen deshalb untersuchen, in welcher Beziehung *Samadhi* zum großen Endziel *Kaivalya* steht.

Samadhi ist zunächst ein Bewußtseinszustand, der einen bedeutsamen Fortschritt auf dem spirituellen Weg anzeigt. Hier begegnet der Strebende zum ersten Mal unmittelbar der göttlichen Realität, in einer tiefen, das ganze Wesen erschütternden, blitzartigen Erfahrung. Da hierbei Körper und Psyche einer großen (wenngleich positiven) Erschütterung unterworfen sind, ist das Erlebnis nur kurz. Dies ist ein Schutz der Natur, um dem Übenden Zeit zu geben, diese gewaltige Erfahrung in seine Erlebniswelt zu integrieren.

Das *Samadhi*-Ereignis ist eine entscheidende Zäsur. Denn einerseits gibt sie dem Yoga-Übenden eine deutliche Bestätigung für die Wirksamkeit seiner Bemühungen. Andererseits ist das Erlebnis so überwältigend, daß der Strebende nun, nach langen Jahren der Schulung, aufs neue angespornt wird, weiterzuüben.

Die *Samadhi*-Erfahrung liegt nicht in der Hand des Yoga-Übenden allein. Sie ist letztlich ein Geschenk, Ausdruck göttlicher Gnade. Werden jedoch Körper, Psyche und Denken durch die fortgesetzte Yoga-Praxis weiter vorbereitet, so stellt sich *Samadhi* immer häufiger ein. Dann kann *Samadhi* als Mittel für weiteres geistiges Wachstum eingesetzt werden.

Im ersten Kapitel des Yoga-Sutra (Sutra 2) wird Yoga als die Beherrschung unserer »Innenwelt« definiert:

Yogas-citta-vrtti-nirodhah

Citta (sprich: Tschitta) ist das Gemüt oder – technischer ausgedrückt – die Gesamtheit unserer psychischen und mentalen Natur. Damit steht der Begriff *Citta* für all das, was unsere Persönlichkeit formt und ausmacht. Teil der *Citta* sind insbesondere unsere Gedanken und Emotionen.

Vrttis sind Modifikationen der Citta, also unsere kommenden und gehenden Gedanken oder Gefühle. Sie stehen einer Gedankenruhe im Wege und bewirken ein ständiges Kräuseln an der Oberfläche unserer Psyche. Sie verhindern somit einen Blick in die Tiefe unseres Seins. Man sucht im Yoga – wie in der Mystik – Gott auf dem Grunde der Seele. Daraus ergibt sich: Die Modifikationen der Psyche müssen unter Kontrolle gebracht werden, wenn man auf den Seelengrund sehen möchte. *Nirodha* bedeutet Verhinderung, Unterdrückung, Aufgehörthaben, Ruhiggestelltsein.

Man könnte obenstehende Definition von Yoga deshalb übersetzen:

> Yoga ist die Verhinderung von Eigenschwingungen der Psyche.

Yoga im Sinne der Definition des Yoga-Sutra beginnt danach erst auf der Ebene von *Samadhi*. Denn erst ab hier ist die Psyche, die Gedankenwelt, so in den Konzentrationsvorgang eingespannt, daß ihre Eigenbewegung für eine Zeitlang zum Stillstand gebracht ist. Die Innenwelt »funkt« nicht mehr dazwischen, wie wir dies aus gewöhnlichen Konzentrationsbemühungen kennen. Man kann sich dies am Beispiel des Lernens verdeutlichen. In dem Moment, wo wir uns dazu hinsetzen, schießen uns häufig Regungen durch den Kopf wie: »Eigentlich habe ich gar keine Lust«, »Wenn ich doch schon fertig wäre«, »Bei dem schönen Wetter würde ich viel lieber etwas anderes tun«. Hier ist die Psyche noch nicht unter Kontrolle; sie führt noch ein Eigenleben und durchkreuzt unsere Absicht. Erst wenn wir sie allmählich in den Griff bekommen und sie unserem Willen gehorcht, ist eine höhere Konzentration möglich. Aus dem Widerspruchsgeist Psyche wird ein williges, höchst empfindliches Werkzeug, das den Yogi tiefes Wissen wahrnehmen läßt und schließlich Gotteserkenntnis ermöglicht.

Konzentrationsobjekte und Arten von Samadhi

Die Fähigkeit zur Gedankenkontrolle kann natürlich unterschiedlich entwickelt sein. Am Anfang steht die Konzentration auf ein *Objekt*. Das Konzentrationsobjekt sollte dem Übenden entsprechen. Das heißt, es sollte seinem Bewußtseinszustand und seinem kulturellen und religiösen Hintergrund angemessen sein. Nur so kann man sich damit identifizieren, eine wichtige Voraussetzung für die Konzentration.

Das Konzentrationsobjekt sollte ferner geeignet sein, die Gedanken zu sammeln. Grundsätzlich lassen sich *grobe* und *subtile* Objekte unterscheiden.[1] Danach wären alle sinnlich wahrnehmbaren Konzentrationshilfen (z. B. ein Bild, eine Kerzenflamme, eine Blume, ein Klang,) der »groben« Kategorie zuzuordnen. Dies gilt auch für die weitverbreitete Konzentration auf den Atem. Sie wären deshalb für jemand geeignet, der am Anfang steht und der erst einmal lernen muß, seine Sinne von der Außenwelt »abzuziehen«.

Bei der Konzentration auf *feinere* Objekte unterscheidet Patanjali drei Arten (Yoga-Sutra I/17): Die geistige Sammlung auf

– mentale Objekte (*Vicara*);
– Glückseligkeit (*Ananda*);
– die reine Ich-Wahrnehmung (*Asmita*).

Mentale Objekte können sein: ein Gedanke/Gefühl (z. B. Liebe, Vertrauen), ein innerlich betrachtetes Wort oder Gebet. Sie sind gut geeignet, wenn eine erste Fähigkeit entwickelt ist, Gedanken festzuhalten.

Dagegen erfordert die Sammlung auf Glückseligkeit (*Ananda*) bereits spirituelle Erfahrung. Denn erst nach Jahren der Übung kann sich im Suchenden die Quelle einer solch tiefen Empfindung, wie ein feiner Strom im Körper, erschließen. Sie kann dann als Konzentrationsobjekt genommen werden.

Erst recht setzt die Konzentration auf den *reinen* Ich-Sinn (*Asmita*) einen gewissen Fortschritt auf dem geistigen Weg voraus. Das Gewahrwerden eines unverfälschten Ich-Seins, die unmittelbare Empfindung »Ich *bin*«, überschreitet das Körperbewußtsein und ist frei von diesseitsorientierten Gedanken. Es ist eine sehr erhabene Regung in unserem tiefen Innern. Solange sie anhält, haben Wünsche (wie: »Ich will«, »Ich will nicht«, »Ich besitze«) aufgehört zu existieren und sind einem reinen Innesein (»Ich *bin*«) gewichen. Man hat in sich eine sehr tiefe Schicht des eigenen Seins freigelegt; sie wird im Sanskrit als *Mahat*, das Große, bezeichnet.

Entsteht – nach vielen Jahren der Übung – aus der objektgebundenen Sammlung *Samadhi*, so spricht Patanjali (Yoga-Sutra I/17) von *Samprajnat-Samadhi* (wörtlich: *Samadhi* mit Verstand). Er unterscheidet diese Erscheinungsform des *Samadhi* aber von einer (noch) höheren Intensität der reinen Schau (Yoga-Sutra I/18), dem *Asamprajnat-Samadhi* (wörtlich: *Samadhi* ohne Verstand); gemeint ist: *Samadhi*, welches den Verstand überschreitet.[2] Man kann diese beiden *Samadhi*-Arten auch als *Sam-*

adhi mit und ohne Stütze bezeichnen (Yoga-Sutra I/17). Im ersten Fall benötigt der Verstand ein Konzentrationsobjekt, welches ihm als »Haltegriff« dient, an dem er sich festmachen und sammeln kann, um so die »Ausschläge« der Gedanken und Emotionen zu verhindern. Erst durch dieses Hilfsmittel kann die Psyche »glattgestellt« und zum Spiegel werden für das Höchste – Gott. Sehr fortgeschrittenen Yoga-Übende (in unserer Systematik die »Schülerklasse« V) ist es aber schließlich sogar möglich, den psychischen und mentalen Apparat anzuhalten, ohne daß ein Konzentrationsobjekt benötigt wird. Diese Personen sind imstande, in die geistige Welt einzutreten und aus ihr heraus zu leben. Ihnen ist die eigentliche Quelle von Intuition und Inspiration erschlossen.

In nachstehender Übersicht sind die beschriebenen Konzentrationsobjekte und *Samadhi*-Arten zusammengefaßt:

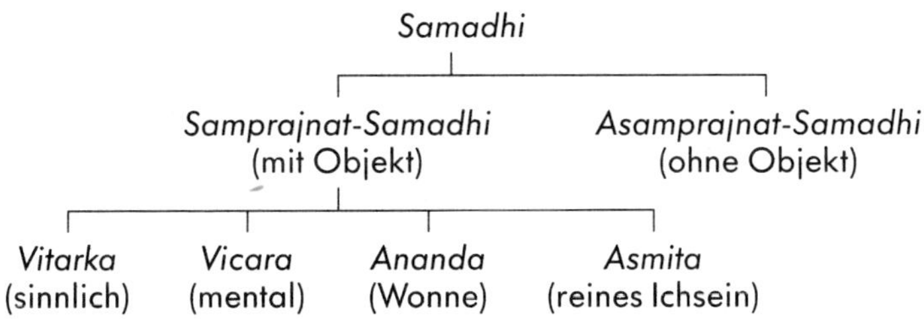

Abb. 6: Konzentrationsobjekte und Arten des *Samadhi*

Der Mensch in Gott – Gott im Menschen

Samadhi stellt nicht nur eine tiefe innere Erfahrung dar. Es wird auch gesagt, daß sich von nun an zunehmend tieferes Wissen über die belebte und unbelebte Natur einstellt und dem Yogi (oder der Yogini) Wunderkräfte zuwachsen.[3] An dieser Stelle zeigt sich die Reinheit und Erhabenheit des klassischen Yoga in ihrer ganzen Deutlichkeit. Denn Patanjali stellt zwar fest, daß das Auftreten solcher Phänomene einen (außergewöhnlichen) Fortschritt des Yoga-Übenden anzeigt. Aber gleichzeitig erhebt er warnend den Zeigefinger (Yoga-Sutra III/37): Diese Fähigkeiten stellen Machtpotentiale dar, und es besteht die Gefahr, daß sich der Yoga-Übende von ihnen verführen läßt oder sich gar an sie verliert.[4] Dann behält das Bewußtsein einen weltlichen Schleier bei, der den Yogi von der Transzendenz, von Gott trennt.[5] Deshalb muß der Übende für seine weitere Vervollkommnung auch diese Fähigkeiten wieder aufgeben (»opfern«). Um *Kaivalya* (Befreiung,

»Erlösung«, bleibende Verbindung mit Gott) zu erreichen, bedarf es – in einem letzten Läuterungsprozeß – der Bemühung um Loslösung in dieser höchsten Form (*Para-Vairagya*).[6] Auf dieser Stufe werden letzte subtile Verhaftungen mit der »Welt« überwunden. Dies geht Hand in Hand mit der wiederholten Herbeiführung von *Asamprajnat-Samadhi*. Dadurch wächst der Yogi allmählich in den ununterbrochenen Zustand des »Leerwerdens« (*Nirodha*) hinein und wird schließlich ganz und gar zum Reflektor der Transzendenz (Yoga-Sutra 1/3).

Auf dieser letzten Stufe hat die Psyche für immer aufgehört, ein Eigenleben zu führen. Dieser Mensch ist ein zu Lebzeiten Erlöster, ein *Jivanmukta*: eine »erlöste, befreite Seele«. Die Seele ist in Gott aufgegangen.

Der christliche Mystiker Meister Eckhart beschreibt diese Stufe – nach seiner Einteilung ist es die sechste – unter Bezug auf Augustinus wie folgt:[7]

> *»Die sechste Stufe ist es, wenn der Mensch entbildet ist und überbildet von Gottes Ewigkeit und gelangt ist zu gänzlich vollkommenem Vergessen vergänglichen und zeitlichen Lebens und gezogen und hinüberverwandelt in ein göttliches Bild, wenn er Gottes Kind geworden ist. Darüber hinaus noch höher gibt es keine Stufe, und dort ist ewige Ruhe und Seligkeit, denn das Endziel des inneren Menschen und des neuen Menschen ist: ewiges Leben.«*

Hier hat ein Mensch die letzten Fäden, die ihn an materielle und geistige Objekte banden, gelöst. Er ist ganz »entdürstet«.[8] Dabei wird deutlich, daß diese letzte Erfahrung mit derjenigen gleichzusetzen ist, die in der christlichen Mystik als »Bloßheit« oder »der-Welt-›losgeschält‹[9]-sein« bezeichnet wird.[10] Es ist dies der krönende Schlußpunkt der geistigen Entwicklung des Menschen; das Ende der individuellen Evolution. Der Mensch ist zum »Vater« heimgekehrt.

Hier kann leicht der Eindruck entstehen, daß solche Menschen verschlossen und der Welt abgewandt seien, so daß ihnen das Leiden anderer Menschen gleichgültig sei. Eine solche Vorstellung wäre falsch. Die gesamte Yoga-Praxis wird begleitet von der Forderung nach Mitgefühl und Mitleid mit anderen (Yoga-Sutra I/33). Jede Verhärtung und Abschottung führt zu einer Reduktion des Menschen und steht damit dem Yoga-Weg diametral gegenüber. Im Yoga-Sutra heißt es, daß die Psyche wie ein Kristall wird, der die Objekte vor ihm in ihrer Farbe und Gestalt abbildet (Sutra I/41).[11] Das besagt, daß ein Mensch auf dieser Stufe und in dieser Reinheit die Empfindungen seiner Mitmenschen unverfälscht wahrnimmt und reflektiert. Vyasa ergänzt dies, indem er immer wieder betont:[12]

> *»Der Yogi ist so feinfühlig, wie die Oberfläche eines Augapfels.«*

Im Verlauf seines Übens soll sich also der Yoga-Praktizierende dahin entwickeln, daß er fähig wird, vollkommen mit anderen Menschen mitzuleiden, aber sich auch mit ihnen zu freuen. Dabei darf er aber in diesen Gefühlen nicht »hängenbleiben«. Denn dadurch wäre er blockiert für neue Situationen. Er könnte seine Mitmenschen nicht offen annehmen, wenn er jeweils noch unter dem Bann der Empfindungen aus den vorhergehenden Begegnungen stände. Der chinesische Weise Dschuang Dsi drückt dies in bemerkenswerter Weise aus:[13]

> *»Der höchste Mensch gebraucht sein Herz wie einen Spiegel. Er geht den Dingen nicht nach und geht ihnen nicht entgegen; er spiegelt sie wieder, aber hält sie nicht fest. ... Bis aufs letzte nimmt er entgegen, was der Himmel ihm spendet, und hat doch, als hätte er nichts. Er bleibt demütig.«*

Wenn man Augenzeugenberichte über das Wesen solcher »Vollendeter« liest, so ist man angerührt von ihrer Güte, Mitmenschlichkeit und Liebe.[14]

Losgelöstheit und hohe Liebesfähigkeit stellen also keinen Widerspruch dar, sondern sind Ausdruck jenes höheren Bewußtseins Erleuchteter. Lassen wir abschließend noch einmal Meister Eckhart zu Wort kommen:[15]

> *»Der Mensch, der sich selbst und alle Dinge gelassen hat, der ... alle seine Werke ohne Warum und (nur) aus Liebe tut, ein solcher Mensch ist für die ganze Welt tot und lebt in Gott und Gott in ihm.«*

Ein weiteres Mißverständnis könnte sich an dieser Stelle auftun: der Gedanke nämlich, Yoga sei (eingebildete) Selbsterlösung. Wir werden dieser Frage noch ausführlich nachgehen, wenn wir das Verhältnis von Yoga und Christentum zu klären versuchen.[16] Soviel sei jedoch an dieser Stelle bereits gesagt: Man darf sich den spirituellen Prozeß nicht so vorstellen, daß die »Arbeit« allein vom Menschen zu leisten sei oder überhaupt geleistet werden kann und Gott gleichsam auf dem Gipfel des Berges wartet, bis der Mensch zu ihm hochgeklettert sei.[17] Deshalb bezeichnet Patanjali festen Glauben (*Sraddha*) und Hingabe an Gott (*Isvara-pranidhana*) als Mittel (unter anderen), um *Samadhi* zu erreichen (Yoga-Sutra I/20 und I/23).

Die Übungskonzepte im klassischen Yoga

Wir wollen uns nun den verschiedenen Wegen zuwenden, die den jeweiligen »Schülerklassen« zugeordnet werden.[1] Wie wir gesehen haben, sind diese Übungswege auf den jeweiligen Bewußtseinsstand des »Schülers« abgestimmt. Bei der Besprechung der Übungskonzepte wollen wir zunächst bei den »bestqualifizierten« Yoga-Praktizierenden beginnen.

Das Üben der Gottesschau

Hierbei handelt es sich um die Menschen, die in die Klasse IV und V eingeordnet werden könnten. Wir wollen beide Klassen gemeinsam besprechen, da die Techniken für diese Yoga-Übenden in ihrer Grundstruktur gleich sind; sie werden nur auf unterschiedlichen Intensitätsebenen geübt. Grundlage und Voraussetzung für beide Übungskonzepte ist die Fähigkeit zu *Samadhi* (reiner Schau). Damit können wir weitgehend auf das zurückgreifen, was wir soeben besprochen haben.

Der Weg der hochqualifizierten Yoga-Übenden könnte als kontinuierliche Bemühung um das Absolute bezeichnet werden. Ihr ganzes Sinnen und Trachten ist darauf gerichtet, sich mit Gott zu verbinden. Solche Menschen haben keine materiellen Ziele mehr. Sie versuchen, die letzten Bindungen an die Welt zu lösen und völlig frei zu werden.
Die Technik ist also hier eine zweifache:[2]

1. kontinuierliches Bemühen, Üben (*Abhyasa*)
2. Loslösen der weltlichen Fesseln durch Hinwendung an das geistige Prinzip (*Vairagya* bzw. in höherer Intensität: *Para-Vairagya*).

Beide Schülerklassen bemühen sich um Sammlung und Loslösung (*Abhyasa* und *Vairagya*). Auch der Yoga-Übende in Klasse IV hat eine hohe Konzentrationsfähigkeit erreicht und ist fähig zu *Samadhi*. Aber er braucht noch ein Konzentrationsobjekt (*Samprajnat-Samadhi*). Auf der Stufe V ist dies nicht mehr der Fall.

Die Übungen der hochqualifizierten Yoga-»Schüler« gehen in eine zweifache Richtung. Zum einen versuchen sie, sich von weltlichen Verhaftungen (wie materielle Wünsche, Besitz) immer mehr frei zu machen. Sie folgen der Aufforderung Christi: »*Sam*-

melt euch aber Schätze im Himmel, wo sie weder Motten noch Rost fressen«, Mt. 6,20. Zum anderen bemühen sie sich um den hohen Geisteszustand des *Samadhi* (Gottesschau).

All dies heißt nicht, aus der »Welt« davonzulaufen und jeden sozialen Kontakt abzubrechen (»auszusteigen«). Gemeint ist hier ein *inneres* Freiwerden von gesellschaftlichen und materiellen Bindungen, um sich Gott ganz zu öffnen. So weist Thomas von Kempen darauf hin:[3]

> *»Wer sich noch nicht von allen Geschöpfen losgemacht hat, kann nicht frei nach dem Göttlichen streben.«*

Das Übungskonzept dieser »Schüler« ist somit der Weg unserer Heiligen und Mystiker. Auch sie führten ein tätiges Leben in Interaktion mit ihren Mitmenschen. Und doch waren sie auf eine besondere Weise »losgeschält«; sie waren nicht mehr nur Bürger dieser, sondern auch jener anderen Welt. Sie waren Beauftragte Gottes und innerlich frei. Sie lebten zwar noch *in* der Welt, aber nicht mehr in Abhängigkeit *von* der Welt.
Hören wir noch einmal Meister Eckhart zu:[4]

> *»Auch soll der Mensch von göttlicher Gegenwart durchdrungen sein ..., daß er überdies in allen Dingen Bindungslosigkeit gewinne und gegenüber den Dingen völlig frei bleibe.«*

Und an anderer Stelle sagt er:[5]

> *»Ich habe viele Schriften gelesen sowohl der heidnischen Meister wie der Propheten, des Alten und des Neuen Testaments, und habe mit Ernst und ganzem Eifer danach gesucht, welches die höchste und die beste Tugend sei, mit der sich der Mensch am meisten und allernächsten Gott verbinden und mit der der Mensch von Gnaden in der größten Übereinstimmung mit dem Bilde stände, das er in Gott war, indem zwischen ihm und Gott kein Unterschied war, ehe Gott die Geschöpfe erschuf. Und wenn ich alle Schriften durchgründe, soweit meine Vernunft es zu leisten und soweit sie zu erkennen vermag, so finde ich nichts anderes, als daß lautere Abgeschiedenheit alles übertreffe, denn alle Tugenden haben irgendein Absehen auf die Geschöpflichkeit, während Abgeschiedenheit losgelöst von allen Geschöpfen ist. Darum sprach unser Herr zu Martha: ›Unum est necessarium‹ (Lk. 10/42), das besagt so viel wie: Martha, wer ungetrübt und lauter sein will, der muß Eines haben, das ist Abgeschiedenheit.«*

Und Meister Eckhart erklärt dann weiter, wieso Abgeschiedenheit sogar höher stehe als die Tugenden der Liebe und Demut. Auch weist er darauf hin, wie diese Losgelöstheit – Abgeschiedenheit, wie er es nennt – die Einheit mit Gott ermöglicht. Unter Berufung auf Avicenna, den großen islamischen Philosophen und Arzt, führt er aus:[6]

> *»Der Geist, der abgeschieden ist, dessen Adel ist groß, daß, was immer er schaut, wahr ist und, was immer er begehrt, ihm gewährt ist und man in allem, was er gebietet, ihm gehorsam sein muß. Und das sollst du für wahr wissen: Wann immer der freie Geist in rechter Abgeschiedenheit steht, so zwingt er Gott zu seinem Sein; und könnte er ohne jede Form und ohne alle Akzidentien dastehen, so nähme er Gottes eigenes Sein an. Das aber kann Gott niemand geben als sich selbst; daher kann Gott dem abgeschiedenen Geist nicht mehr tun, als daß er ihm sich selbst gibt. Und der Mensch, der so in voller Abgeschiedenheit steht, der wird so in die Ewigkeit entrückt, daß ihn nichts Vergängliches (mehr) bewegen kann, daß er nichts (mehr) empfindet, was leiblich ist, und er heißt tot für die Welt, denn ihm schmeckt nichts, was irdisch ist. Das meinte Sankt Paulus, da er sprach: ›Ich lebe und lebe doch nicht; Christus lebt in mir‹ (Gal. 2,20).«*

Im Yoga-Sutra ist dieser Weg im ersten Kapitel beschrieben. Die dort gegebenen Anweisungen – wie bestimmte Konzentrationsübungen, soziales Verhalten – sind als Hilfen für die Realisierung des Absoluten gedacht. Patanjali hat hier Yoga-»Schüler« im Auge, die bereits aufgrund ihrer physischen und psychischen Fähigkeiten unmittelbar vor diesem Endzustand stehen. Es handelt sich hierbei um Menschen, die die höhere Wirklichkeit schon gelegentlich schauen durften und die den Zustand der Erleuchtung (*Samadhi*) nun dauerhaft machen möchten.

Die Methode des Kriya-Yoga – Der Weg des Handelns

Verglichen mit dem Übungskonzept für die »bestqualifizierten« Yoga-»Schüler« ist der Weg für die nun zu besprechenden »mittelqualifizierten Schüler« hauptsächlich ein Stabilisierungsprozeß. Wir haben diese Menschen als ernsthafte Sucher kennengelernt, die die Wahrheit zu begreifen imstande sind, wenn sie von ihr hören. Ein Interesse an Spiritualität ist bei ihnen bereits vorhanden. Aber anders als die »Schüler« der Kategorie IV und V haben sie noch keine unmittelbare Erfahrung des Göttlich-Geistigen durch ein *Samadhi*-Erlebnis machen können. Für sie ist es deshalb sehr viel schwieriger, völlig auf das hohe Ziel der spirituellen Verwirklichung ausgerichtet zu bleiben. In dem hohen Seegang der weltlichen Verrichtungen (Familie, Beruf, Gesellschaft) haben sie Mühe, ihr Schiff geistiger Suche auf Kurs zu halten. Die Technik der ständigen Bemühung um das Absolute ist für diese Menschen noch ungeeignet. Sie müssen sich erst psychisch stabilisieren, zielgerichteter werden und ihr Bewußtsein reinigen.

Das Übungskonzept, das ihnen zugewiesen wird, heißt *Kriya-Yoga*;[7] es besteht aus drei Bestandteilen (Yoga-Sutra II/1):

1. Willensstärkung (*Tapas*),
2. Lesen spiritueller Schriften und Selbststudium (*Svadhyaya*),
3. Hingabe an Gott (*Isvarapranidhana*).

Das Sanskritwort *Kriya* kommt (wie das Wort *Karma*) von der Silbe *kri* »tun«, »handeln«. Der *Kriya*-Yoga ist somit der Yoga des praktischen Tuns. Patanjali beschreibt ihn im zweiten Kapitel des Yoga-Sutra (Sutras II/1-27).

Tapas – »Gymnastik« des Willens

»Wenn wir in jedem Jahre nur einen Fehler ausrotteten,
würden wir bald vollkommen werden.«
(Thomas von Kempen)

Tapas bedeutet wörtlich Glut, Hitze. Im Yoga wird der Begriff unterschiedlich gedeutet. Teilweise wird hierunter (glühende) Askese verstanden.[8] Andererseits werden auch die Atemübungen im Yoga (*Pranayamas*) als Ausübung von *Tapas* aufgefaßt.[9] Letztlich umfaßt *Tapas* alle Methoden, die geeignet sind, Willensstärke und psychische Stabilität aufzubauen und die zu charakterlicher Reinheit und der Fähigkeit zu geistiger Sammlung führen.[10] Durch *Tapas* soll die Entwicklung zu einem lebenstüchtigen und innerlich freien Menschen erfolgen, der aber darüber hinaus noch imstande ist, Kurs zu halten auf das spirituelle Ufer.

Tapas ist deshalb nicht eine totale Zwangsjacke unseren Wünschen und Trieben gegenüber. Und es hat auch nichts mit harter – oft selbstzerstörerischer – Askese zu tun.[11] Am besten ist diejenige Form von *Tapas*, die sich aus dem Lebensweg des Übenden heraus ergibt. Eine unnatürliche Disziplin, wie exzessives Fasten, Kasteiungen, das Aushalten von Kälte, extremes Wachen, schadet mehr als sie nützt. Sie kann sogar zu Krankheiten führen. Der

Übende kann zum Sonderling werden, der die Fähigkeit verliert, sich selbst zutreffend einzuschätzen. Es besteht auch die Gefahr, daß das eigene Ego aufgebläht wird und sich Rücksichtslosigkeit und Gefühlskälte einstellen.

Tapas ist also eine Übung, die moderat durchgeführt werden sollte. Nur dann führt sie nicht zur Verhärtung, erhält die Lebensfreude, ertüchtigt Körper und Psyche. Vielleicht könnte man *Tapas*, mit einem Ausdruck Nietzsches, als eine Art »Gymnastik des Willens« bezeichnen. Es ist – recht verstanden – ein Aufbau von innerer Stärke (»Seelenstärke«).

Im klassischen Yoga bezieht sich der Begriff *Tapas* auf den Prozeß der Reinigung der Gedanken.[12] *Tapas* ist danach auf mentale, moralische und emotionale Disziplinierung gerichtet.[13] Zweckdienliche Anwendungen sind beispielsweise: Übung des Schweigens, Verzicht auf Gewaltanwendung, Bemühung, ehrlich zu sein.[14] Damit bedeutet *Tapas*: die allmähliche Beherrschung unserer unkontrollierten Impulse und Leidenschaften, das heißt unserer Innenwelt.[15] Es ist ein allmähliches Ausbrennen alter, belastender Verhaltensweisen und charakterlicher Defizite. Unser labiles psychisches Lebensgefäß wird im Feuer der *Tapas* gebrannt und verwandelt in einen wertvollen Gebrauchsgegenstand für eine höhere Aufgabe.

Innere Stärke aufbauen – Lebensfreude erlangen

> *»Es ist ein Unterschied zwischen gehärtet und verhärtet. Das wird heutzutage oft verwechselt.«*
> *(Etty Hillesum)*

Ein solches Postulat kann leicht mißverstanden werden. Die Arbeit an uns selbst führt nicht zu weniger Lebensfreude, sondern zu mehr. Das, was auf den ersten Blick als Verzicht und Verlust aussieht, entpuppt sich als Gewinn. Denn wenn wir allmählich lernen, Verzicht zu üben, Schwierigkeiten auszuhalten, so entwickeln wir seelische Kräfte, die auf ganz natürliche Weise zu einem glückhaften Leben führen. Im umgekehrten Fall, wo wir Problemen und Herausforderungen aus dem Weg gehen, vor ihnen weglaufen, werden wir immer schwächer. Ein Stubenhocker wird vielleicht einen Windstoß als etwas Bedrohliches empfinden. Für einen gesunden und starken Menschen kann ein etwas rauheres Wetter dagegen eine belebende Wirkung haben. Wir brauchen für unser Leben, für die Aufrechterhaltung unserer körperlichen und psychischen Funktionen solche Anforderungen. Anders würden wir degenerieren.

Durch *Tapas* lernt man also, Probleme nicht als Schreckgespenster, sondern als Herausforderung zu sehen. Man sieht in ihnen Möglichkeiten des Trainings und inneren Wachstums. Man kann sagen, daß jedes mit einer solchen Einsicht ausgehaltene Leid in Zukunft Leid verringert, während jedes abgelehnte Leid die Probleme nur vergrößert. Denn im ersten Fall lernen wir Widerstandskräfte aufzubauen, die uns tüchtiger machen. Im anderen Fall lassen wir diese Entwicklungschance aus und »verweichlichen« uns. Wir müssen darüber hinaus Verdrängungsmechanismen aufbauen; sie kosten uns zusätzlich Kraft. Denn das, wovor wir wegliefen, bleibt als Bedrohung im Unbewußten bestehen.

Der »Holzweg« unserer Gesellschaft

Diese negative Entwicklung sehen wir heute überall im Bereich unserer Gesellschaft. Nehmen wir zum Beispiel die Medizin. Der Kranke will in der Regel keine Heilung im Sinne von umfassender Gesundheit; er möchte den Schmerz loswerden. So greift man beispielsweise bei Kopfschmerz oder Bluthochdruck häufig schnell zu bestimmten Medikamenten. Dadurch werden zwar die Symptome zum Verschwinden gebracht. Oft besteht die eigentliche Ursache aber in Anspannung, einer krankmachenden Lebenseinstellung oder ungesunder Lebensweise. Um die Krankheit an der Wurzel zu fassen, ist eine gewisse Bemühung nötig. Es muß eine Neuordnung der Lebenshaltung erfolgen: Entspannungsübungen, Umstellung der Ernährung, Ruhepausen, Mußestunden, Aufbau einer philosophischen oder religiösen Lebenseinstellung. All dies kann man sich nicht in der Apotheke kaufen, sondern es erfordert Konsumverzicht (= vermeintlicher Lustverzicht), ein Preis, der in den wenigsten Fällen akzeptiert wird.

Die langfristige Folge dieser kurzfristigen »Heilung« ist jedoch, daß die Symptombehandlung und das fortschreitende Handeln gegen unsere Natur die Ursachenkomplexe vergrößern (z.B. schädliche Nebenwirkungen der Medikamente). Die Widerstandsfähigkeit gegen die Krankheit wird immer weiter abgebaut, und es kommt letztlich zu einem vertuschten, weggeschminkten Siechtum. Das führt zwar rein statistisch zu einer Zunahme der Personen hohen Alters, aber nicht mehr zu alten, reifen Persönlichkeiten. Depressionen, Unzufriedenheit, Ängste, Lebensunlust, Hoffnungslosigkeit sind Gefühle, die sich heute bei vielen Menschen eingenistet haben.

Dasselbe gilt für das Zusammenleben in der Familie. Auch hier sinkt die Bereitschaft, Belastungen auszuhalten, eine partnerschaftliche Beziehung durchzustehen, wenn die erste Liebe nachgelassen hat. Man geht den scheinbar leichteren Weg und läßt sich scheiden. Die Beispiele könnte man fortsetzen. Thomas von Kempen sagte deshalb:[16]

> *»Würden wir uns im Anfang nur ein wenig Gewalt antun, dann könnten wir nachher alles mit Leichtigkeit und Freude vollbringen.«*

Ein Seitenblick auf die Psychologie – Verdrängung im Gegensatz zu Tapas

> *»Wenn es einem Menschen nicht geglückt ist, seine Energien in der Richtung auf ein «höheres Selbst» zu entfalten, dann lenkt er sie auf niedrigere Ziele.« ...*
> *(Erich Fromm)*

Tapas darf nicht verwechselt werden mit dem psychologischen Begriff *Verdrängung*. In der Psychoanalyse versteht man hierunter, daß die mit einem Trieb zusammenhängenden Vorstellungen (Gedanken, Bilder, Erinnerungen) nicht ins Bewußtsein gelassen werden.[17] Das Verdrängte ist dadurch zwar aus dem (Wach-)Bewußtsein verbannt. Es bleibt jedoch im Unbewußten auf gefährliche Weise lebendig und kehrt in veränderter Form zurück: als Krankheitssymptom, in Träumen oder in Fehlleistungen.[18]

Beim *Tapas* verzichtet der Yoga-Übende *bewußt* und *freiwillig* auf eine bestimmte Handlung oder arbeitet an der Überwindung einer Verhaltensweise, die *er selbst* – als Resultat eigenen Nachdenkens oder eines selbst gewählten Wertesystems – als negativ oder gar schädlich erkannte.[19] Das gleiche gilt natürlich, wenn der Übende feststellt, daß er sich um eine bestimmte positive Haltung (z.B. Reinlichkeit, positives Denken) bemühen muß, um spirituell zu wachsen. In beiden Fällen tut er dies aus eigenem Entschluß, nicht aus äußeren Zwängen oder anerzogenen Verbotsregeln heraus. Er unterwirft sich also der Disziplin, weil er ein höheres Ziel, spirituelles Wachstum, verfolgt und weil er weiß, daß die als negativ erkannte Handlung diesem Ziel im Wege steht.

Die Arbeit findet also im vollen Umfang auf der Ebene des Bewußtseins statt. Der Yoga-»Schüler« entschließt sich aus freien Stücken, bestimmte Handlungen zu tun und andere zu lassen. In der Psychologie bezeichnet man »*eine bewußte Leistung des Ich,*« insbesondere dann, wenn sie »*systematisch entwickelt und gepflegt wird*«, als *Unterdrückung* (im Gegensatz zur Verdrängung).[20] Hiermit ist *Tapas* vergleichbar; es umfaßt allerdings nicht nur Unterlassungen, sondern auch das aktive Tun, das Ausführen einer Handlung in einer solchen Weise, mit einer solchen inneren Einstellung, wie sie sich der *Tapas*-Übende vorgenommen hat.

Dabei gilt es festzuhalten: *Tapas* soll – wie wir gesehen haben – moderat eingesetzt werden. Es darf nicht in ein zwanghaftes »Sich-etwas-abquälen« münden. Fehlhaltungen, die man an seiner Person feststellt, soll man deshalb auch akzeptieren lernen, wenn sie so stark sind, daß man sie (noch) nicht überwinden kann. Die Übung von *Tapas* umfaßt somit auch den bewußten und liebevollen Umgang mit sich selbst. Sie soll zu einer Haltung führen, die frei ist von Schuldgefühlen.

Tapas ist also durch vier Faktoren gekennzeichnet. Es erfolgt

1. bewußt;
2. freiwillig;
3. zielgerichtet (auf geistiges Wachstum);
4. die eigenen Grenzen beachtend (Selbstakzeptanz).

Demgegenüber ist eine Verdrängung ein Vorgang, der unbewußt abläuft. Von außen gesetzte Normen (durch Erziehung, Gesellschaft) werden übernommen. Es wird keine eigenverantwortliche, bewußte Entscheidung getroffen, inwieweit man diese Normen als für einen selbst richtig und stimmig akzeptieren will und kann. Die Handlung wird hier unterlassen, weil sie durch gesellschaftliche Verhaltensregeln oder Normen, die durch Eltern und andere Bezugspersonen gesetzt wurden, »verboten« ist. Der Grund, etwas nicht zu tun, liegt hier also bei anderen Personen.

Der Unterschied läßt sich in folgende Beziehung bringen:

	I	II	III
Handlung wird ausgeführt	Nein	Ja	Nein
Ursache	Unterlassen aus »äußerem« Zwang **=Verdrängung**	Mensch ist stark und selbstbewußt genug, um das gesellschaftliche Tabu zu brechen	Enthaltung aus der Erkenntnis heraus, daß die Handlung der spirituellen Entwicklung schadet **=Tapas**
Phasen der Persönlichkeitsentwicklung (hinsichtlich einer bestimmten Situation bzw. Handlung)	unentwickeltes, abhängiges Ich	entwickeltes, unabhängiges Ich	in einen spirituellen Prozeß eingebundenes Ich

→ Stadien der Persönlichkeitsentwicklung aus spiritueller Sicht

Abb. 7: Die Beziehung zwischen Verdrängung und *Tapas*

Selbststudium – der zweifache Aspekt

Das zweite Glied in der Übungstriade des *Kriya*-Yoga ist *Svadhyaya* oder Selbststudium. Wörtlich heißt *Svadhyaya*: Nachsinnen, Bedenken des eigenen Selbstes. Dies erinnert an die Forderung auf dem Apollotempel in Delphi: »*Erkenne dich selbst!*« Wenn wir Yoga als Entwicklung des Bewußtseins begreifen, so bedeutet dies zuerst, sich selbst besser zu verstehen und zu erkennen, wie die eigene Innenwelt beschaffen ist. Techniken, wie Reflexion oder Selbstanalyse mit Hilfe eines Tagebuchs, können hierbei hilfreich sein.

Die Übung des Selbststudiums (*Svadhyaya*) erschöpft sich aber nicht nur im Prozeß der Selbstdurchleuchtung. Natürlich soll der Yoga-»Schüler« seine eigene Natur, seine Psyche kennenlernen und wissen, wo die Wurzeln seiner Handlungen und Gemütsregungen liegen. Aber ein ausschließliches Sezieren des eigenen Inneren, in der Art mancher Psychoanalytiker, führt noch nicht zu einer Ganzheit und Heil(ig)ung.[21] Deshalb ist das regelmäßige Studium erhabener spiritueller Schriften ein wesentliches Element dieser Übung. Zum Selbststudium (*Svadhyaya*) gehören also beide Bestandteile: Selbstanalyse *und* Lesen spiritueller Schriften. Erst durch ihre Verbindung wird ein Selbststudium effektiv und heilsam.

Das Studium geistiger Texte setzt natürlich nicht voraus, daß man sich in die Überlieferung einer *bestimmten* Religion oder gar in das Yoga-Sutra vertiefen müßte. Jedes große Weisheitsbuch, jede »Heilige Schrift« kann als Grundlage dienen. Letztlich richten die großen spirituellen Überlieferungen der Menschheit alle ähnliche Forderungen an uns: »Lebe ein Leben, das einem höheren geistigen Zweck geweiht ist!«, »Läutere dich!«, »Führe ein ›gottgefälliges‹ Leben!«. Alle enthalten sie den Trost: Das Leben ist nicht sinnlos. Der Mensch ist ein göttliches Wesen. Er ist unterwegs, auf dem Weg zu seinem göttlichen Ursprung. Nach einem bekannten Vergleich könnte man die unterschiedlichen Religionen wie die einzelnen Speichen eines Rades ansehen. Sie laufen zur Peripherie hin auseinander. In der Nabe aber – und damit im innersten Kern – sind sie alle miteinander verbunden.

Es liegt also nahe, daß der *Kriya*-Yoga-»Schüler« im Westen, sofern er in der christlichen Tradition zu Hause ist, die Bibel zur Grundlage eines solchen Selbststudiums macht. Das soll aber andererseits auch nicht heißen, daß es für den Abendländer abwegig ist, sich mit dem reichhaltigen Schrifttum des Ostens zu beschäftigen. Ein solcher Blick über den Zaun kann bewußtseinserweiternd wirken und manches aus einer neuen Sicht beleuchten.

Viele Menschen lehnen heute das spirituelle christliche Erbe ab und suchen ihr Heil in östlichen Befreiungswegen. Aber oft ist dies eine Flucht; man läuft vor der Bewältigung des eigenen Inneren weg. Das kann dazu führen, daß sich der Suchende aus der Gesellschaft herausbewegt. Die Begriffe und Übungen aus Traditionen anderer Kulturen sollten nicht ohne Reflexion übernommen werden. Man muß prüfen, ob das jeweilige Angebot für einen selbst geeignet ist. Häufig müssen die Anweisungen in einen westlichen Kontext übersetzt werden. Andernfalls ist es leicht möglich, daß man sich nur nach außen hin ändert. Die Gefahr ist groß, daß man nur in eine neue Rolle schlüpft, an die man zwar selbst glaubt, die aber keine wirkliche Transformation der Persönlichkeit bedeutet. Ein vorschneller, unreflektierter Ausstieg aus der christlichen Tradition ist meist gleichzusetzen mit einem »Ausstieg« aus uns selbst. Es kann oft Jahre dauern, bis man dies erkennt und auf freie Art wieder Anschluß gewinnt.

Von einer mündigen Suche, die die eigene Herkunft nicht ignoriert, berichtet der Jesuit und Zen-Meister Anthony de Mello:[22]

> *»Ich habe mich unbekümmert auch in nichtchristlichen, ja sogar nichtreligiösen mystischen Überlieferungen umgesehen und bin tief beeinflußt und bereichert worden. Aber stets kehre ich zu meiner Kirche zurück, denn sie ist meine geistige Heimat. Und wenn ich mir auch schmerzlich, manchmal sogar peinlich berührt, ihrer Grenzen und gelegentlichen Enge bewußt bin, so weiß ich doch genauso deutlich, daß sie mich gebildet und geformt und zu dem gemacht hat, was ich heute bin.«*

Wie noch zu zeigen sein wird, schließen sich Yoga-Praxis und Christentum nicht aus. Vielmehr kann es geschehen, daß man im Verlaufe seiner Übungen die christliche Botschaft in einer neuen Tiefe erkennt und die Kraft gewinnt, die Forderungen Christi in die tägliche Lebenspraxis umzusetzen. Ja, wir werden sehen, daß Yoga-Praxis für den Christen bedeutet, christliches Bewußtsein zu entwickeln.

Beim Studium geeigneter, spiritueller Texte, von denen wir uns angesprochen fühlen und mit denen wir uns identifizieren können, werden die Gedanken und Gefühle absorbiert und ausgerichtet. Wir nehmen die »energetische Ladung« der *heiligen* (ganzmachenden) Schriften auf. Wir schwingen uns gleichsam auf eine höhere Bewußtseinsebene ein. Die Botschaft und die Werte dieser Bücher werden in unser Inneres übertragen; unsere Innenwelt wird gereinigt und geläutert.

Die Texte geben unserer Selbstanalyse einen Halt; sie sind Leitstrahl und Geländer. An ihnen kann sich die Erforschung des eigenen Innenlebens orientieren und festmachen. Der Yoga-Übende hat ein halt- und sinngebendes Wertesystem; er kennt den Zweck seines Bemühens. Es ist keine Reise ohne Ziel. Hier unterscheidet sich Yoga von der auf Wertneutralität bedachten Psychoanalyse. Ihr fehlt ein umfassendes Konzept vom Menschen, so daß der Psychoanalytiker dazu verurteilt ist, *»gar nicht recht zu wissen, was er tut und wie und wozu er es tut«.*[23]

Svadhyaya (Selbststudium) ist somit weit mehr als reines Bohren und Zerlegen, in der Hoffnung, daß man irgendwann einmal die Wurzel des Übels findet. Es ist ein pädagogischer und spiritueller Prozeß, eine geistige Reifeerziehung, bei der man sich am Handlauf der heiligen Schriften emporentwickelt. Auf den *Istzustand*, wie ihn die Selbstanalyse zeigt, wird gleichzeitig der *Sollzustand*, wie er sich aus dem Lesen der spirituellen Texte ergibt, aufgespiegelt. Man sieht das eigene Tun aus einer neuen Perspektive und erkennt, wo man steht.

Es mag der Eindruck entstehen, daß es sehr frustrierend sei, die eigene Unvollkommenheit ständig mit den hohen Forderungen zu vergleichen, die auf ein menschliches Ideal gerichtet sind. Bei einem recht angewandten Selbststudium ist diese Gefahr gering. Das liegt zum einen in der Natur des Menschen selbst. Er spürt ganz genau, daß diese Prinzipien die Lichter sind, an denen er sich orientieren muß, wenn er sich aus dem Dunkel des Leids befreien will. Zum anderen liegt dies in der Art und Weise, wie diese Schriften abgefaßt sind. Sie sind nicht verletzend oder abbauend, sondern in ihnen drückt sich etwas aus, schwingt etwas, das die feineren Ebenen im Menschen anspricht, unser Wesen läutert und damit gleichzeitig zu geistigen Erfahrungen führt.

Die Schriften enthalten Appelle, uns zu bemühen, ein besseres Leben zu führen. Aber sie wirken nicht wie der drohend erhobene Zeigefinger. Sie enthalten vielmehr eine Kraft, die uns aufbaut und zur Weiterentwicklung ermutigt. Diese Bücher sagen uns also nicht nur, wo wir stehen und was unser Ziel ist; sie enthalten auch Wegzehrung, Balsam und Trost. Aus dieser Erfahrung sprechen die Meister der christlichen Ostkirche, wenn sie uns überliefern:[24]

> *»Solche Beschaulichkeit beim Lesen der Schrift erzeugt eine Fülle von heilsamen Gedanken... Sie wecken im Herzen entsprechende geistige Energien, ...«*

»Dein Wille geschehe«

»Der Gottheit zu gehorchen,
ist Freiheit.«
(Seneca)

Der dritte Baustein des *Kriya*-Yoga ist schließlich Hingabe an Gott (*Isvarapranidhana; Isvara* »Gott der Herr«; *Pranidhana* »Dienstfertigkeit, Gelübde«). Die Yoga-Sutras machen dem Yoga-»Schüler« deutlich, daß sein geistiger Fortschritt nicht allein von seinem Üben abhängt. Es sind größere Kräfte am Werk, die sein Bemühen unterstützen und denen er sich anheimgeben kann. Ein solches Vertrauen auf Gott, die Hingabe an ihn macht demütig und geduldig. Deshalb soll der Yoga-Übende all seine Gedanken und Emotionen an diese göttliche Wesenheit »anjochen« und soll ihr all seine Handlungen weihen.

Zusammenfassend können wir feststellen: Das dreigeteilte Übungskonzept des *Kriya*-Yoga ist eine Methode, die den Yoga-Übenden auf eine feine, abgestimmte Weise aufbaut und verwandelt. *Tapas* könnte für sich genommen zum »seelischen Muskelprotz« führen, der mit seiner eigenen Stärke prahlt und dem Mitgefühl und Sensibilität für andere fremd sind. Durch *Svadhyaya* wird diese Kraft gezähmt und ausgerichtet. Dies wird im *Isvarapranidhana* fortgesetzt, indem der Aufbau einer intensiven Beziehung zu Gott gefordert wird. Dadurch wird die eigene Größe relativiert, löst sich Egozentrik auf und entwickelt sich die Fähigkeit zum Loslassen. Das Wesen von *Isvarapranidhana* wird sehr schön zum Ausdruck gebracht in der Anweisung des großen Yogis Ramakrishna an seine Schüler:[25]

> *»Verrichte alle deine Pflichten, aber behalte deinen Geist auf Gott gerichtet; lebe mit allen – Frau, Kinder, Eltern – und diene ihnen, deinen Nächsten und Vertrauten. Aber wisse in deinem Herzen, daß keiner von ihnen dir gehört.«*

Die Technik des *Kriya*-Yoga entwickelt das Bewußtsein des Yoga-»Studenten« so weit, daß *Samadhi* möglich wird.[26] *Kriya*-Yoga verringert die *Klesas* (»Leidbringer«). Dadurch verhilft er zu einem angstfreien, gelösten Leben, zu innerem Frieden und höchster Erkenntnis.

Der achtgliedrige Pfad – Ein Stufenweg zur Transzendenz

Der Weg, der für die »Schüler« der Klasse I und II gedacht ist, wird als achtstufiger – oder besser – achtgliedriger Pfad (*Astanga*-Yoga) bezeichnet (Yoga-Sutra II/29; *asta* »acht«; *anga* »Glied«, »Bestandteil«). Es handelt sich hierbei um einen integrierten Yoga-Kurs,[27] der aus verschiedenen, aufeinander abgestimmten Einzeltechniken und Übungsbereichen besteht. Zum Teil haben sich die einzelnen Glieder zu eigenen Systemen entwickelt (z. B. der Hatha-Yoga).

Der achtgliedrige Pfad ist vor allem ein Läuterungsweg. Die Unfähigkeit zu geistiger Sammlung ist bedingt durch Unreinheiten des Körpers und der Psyche. Die Schlacken werden mit dem *Astanga*-Yoga allmählich beseitigt. Schließlich erreicht man auch auf diesem Weg eine Klarheit des Geistes, die das *Samadhi*-Erlebnis ermöglichen und zur Schau der Transzendenz führen kann.[28]

Die erste Stufe besteht in Selbstdisziplin (*Yama*; von der Sanskritwurzel *yam* »zügeln«, »bändigen«, »zurückhalten«). Hier geht es um die Beherrschung, Zügelung unserer niederen Triebe und Regungen. Die zweite Stufe könnte man als Tugendhaftigkeit bezeichnen (*Niyama* »Verpflichtung«, »Notwendigkeit«). Sie verlangt die Kultivierung positiver Lebenshaltungen. Auf der nächsten Ebene begegnen uns die Körperübungen (*Asanas*). Sie haben von allen Yoga-Techniken heute den höchsten Popularitätsgrad. An sie schließen sich die *Pranayamas* an (*Prana* »Lebenskraft«; *Ayama* »Kontrolle«). Meist wird diese Stufe mit »Atemübungen« übersetzt. Genaugenommen handelt es sich hierbei vielmehr um Techniken zur Kontrolle, Lenkung und Speicherung von Lebenskraft.

Mit der nächsten Stufe, der Abstraktion (*Pratyahara* »Zurückziehung«), wird der körperliche Bereich des Yoga verlassen. *Pratyahara* bedeutet Zurückziehen der Sinne auf innere, rein psychisch-mentale Vorgänge. Daran schließt sich die Konzentration (*Dharana*) an. Ihr folgt die Meditation (*Dhyana*). Diese kann schließlich in die reine Schau des Absoluten (*Samadhi*) münden.

Die Stufen 1-5 werden als äußerer Yoga (*Bahiranga*-Yoga), die Stufen 5-8 als innerer Yoga (*Antaranga*-Yoga) bezeichnet. Die Stufe 5 ist ein Übergang, der sowohl zum äußeren als auch zum inneren Yoga gerechnet werden muß.

Aber den verschiedenen *angas* beziehungweise Bestandteilen dieses Yoga-Konzeptes liegt kein durchgängiger zwingender Stufenaufbau in dem Sinne zugrunde, daß die jeweils höhere

Die acht Glieder des *Astanga*-Yoga sind hier dargestellt.

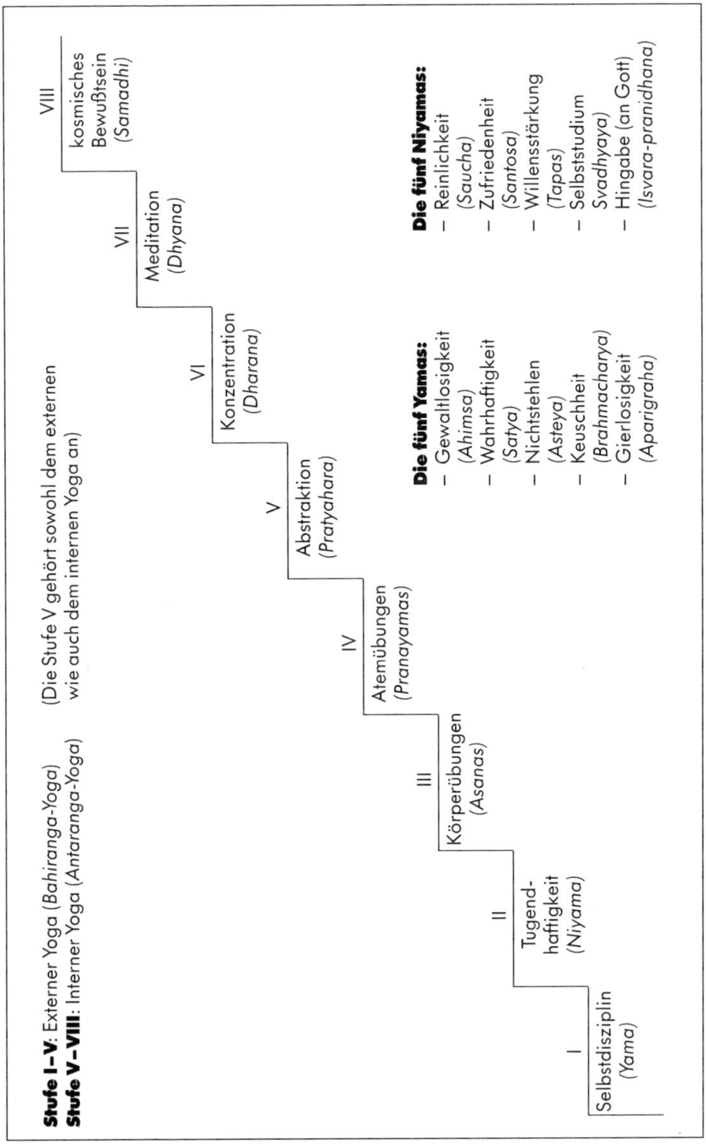

Abb. 8: Der achtstufige Pfad (*Astanga-* Yoga)

Stufe nur erreicht werden kann, wenn man die vorhergehende Stufe vollständig gemeistert hat. Im *Astanga*-Yoga verhalten sich einzelne Übungsbereiche vielmehr zueinander wie verschiedene *Glieder* einer Einheit. Sie können (und sollen) teilweise nebeneinander geübt werden. Dies gilt insbesondere für die ersten vier Glieder. Das ist der Übungsbereich des äußeren Yoga. Erst bei Stufe 5 kommt ein Einschnitt. Denn die Techniken der höheren Stufen erfordern eine Qualifikation, die man entweder als »Naturtalent« bereits mitbringen oder durch Schulung, das heißt durch Übung der unteren vier Stufen, erwerben muß.

So ist es zum Beispiel für viele Menschen gar nicht leicht, nur dazusitzen und die Augen zu schließen. Sie sind so stark sensoriell geprägt, daß sie bei einem »Wegnehmen« der Sinne unruhig und kribbelig werden. Noch schwerer fällt die Konzentration.

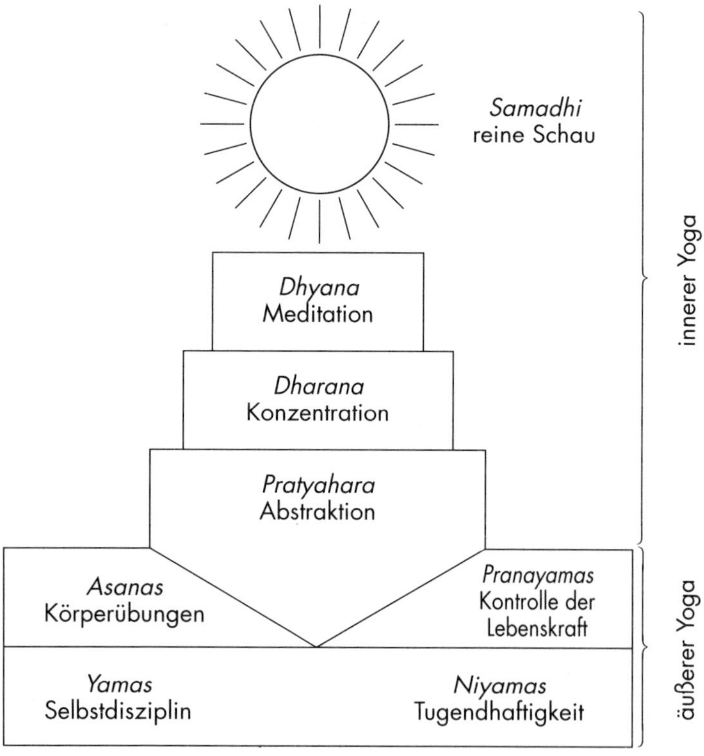

Abb. 9: Die Hierarchie im achtgliedrigen Pfad

Es ist nicht einfach, sich einer Sache wirklich voll zuzuwenden, auch wenn es nur für eine begrenzte Zeit ist.

In Abbildung 9 wurde versucht, die Beziehung der einzelnen Glieder des achtstufigen Pfades zueinander darzustellen.

Basis für die Körperübungen, Atemübungen und den weiteren Fortschritt im Yoga sind Selbstdisziplin (*Yama*) und Tugendhaftigkeit (*Niyama*). Diese beiden Bausteine haben Vorbereitungs- und Filterwirkung. Denn nur wer bereit ist, sich einer ethischen Lebenshaltung zu befleißigen, wird im Yoga Erfolg haben. Wer hierzu nicht willens ist, wird auch nicht in vollem Umfang die positiven Wirkungen der Körperübungen erfahren können.

Die Körperübungen (*Asanas*) und »Atem«-Übungen (*Pranayamas*) sowie – bis zu einem gewissen Grade auch – die Übung des Zurückziehens der Sinne (*Pratyahara*) können nebeneinander praktiziert werden. Wirklich fähig zur Abstraktion und erst recht zur Anwendung der Techniken, die »höhere Geisteskräfte« voraussetzen (Konzentration, Meditation, *Samadhi*), wird man erst, nachdem ein »Evolutionssprung« des Bewußtseins eingetreten ist. Diese Glieder liegen hierarchisch auf anderen Stufen. Deshalb greifen die Übungen erst, wenn die vorhergehenden Stufen gemeistert sind.

Das Fundament des Yoga: Die Yamas und Niyamas

Die *Yamas* und *Niyamas* sind keine speziellen yogischen Prinzipien; mit ihnen haben wir ganz allgemein Einstellungen vor uns, die den Menschen veredeln.[29] Sie stehen deshalb auch mit den Forderungen der großen Religionen im Einklang. So besteht in ihren substantiellen Aussagen eine weitgehende Übereinstimmung mit den Zehn Geboten Mose.

Selbstdisziplin (*Yama*) und Tugendhaftigkeit (*Niyama*) werden jeweils in einer fünffachen Weise gefordert:

1. Gewaltlosigkeit (*Ahimsa*) 2. Ehrlichkeit (*Satya*) 3. Nicht-Stehlen (*Asteya*) 4. Keuschheit (*Brahmacarya*) 5. Begierdelosigkeit (*Aparigraha*)	Yamas
1. Reinheit (*Sauca*) 2. Zufriedenheit (*Samtosa*) 3. Willensstärkung (*Tapas*) 4. Selbststudium (*Svadhyaya*) 5. Hingabe an Gott (*Isvarapranidhana*)	Niyamas

Bei diesen zehn Grundsätzen handelt es sich – unabhängig von ihrer Bedeutung im Yoga – ebenso um Konventionen, ohne die eine Gesellschaft nicht existieren kann. Sie stellen »Verkehrsregeln« des menschlichen Zusammenlebens dar. Eine Gesellschaft, die Gewalt oder Stehlen zulassen würde, würde sich in kürzester Zeit selbst auffressen. Von diesem Blickwinkel aus betrachtet, könnte man die *Yamas* als Verbote und die *Niyamas* als Gebote bezeichnen.

Aber dabei würde man den Akzent falsch setzen. Denn bei den *Yamas* und *Niyamas* handelt es sich eigentlich nicht um Prinzipien, die von außen gesetzt werden. Es sind vielmehr *selbstauferlegte* Haltungen, um die sich jemand aus einem ganz persönlichen Grund bemüht. Ein Yoga-»Student« verzichtet auf Gewalt, nicht allein um die Spielregeln der menschlichen Gesellschaft einzuhalten. Er versucht seine zerstörerischen Impulse vor allem deshalb zu zügeln, um Gewalt *in sich* zu überwinden. Er will aus einer gewaltverhafteten Persönlichkeitsstruktur herauswachsen, weil er einem höheren spirituellen Ziel zustrebt. Die Einhaltung der Wertordnung der Gesellschaft ist die Folgeerscheinung, ja ein Nebenprodukt seines spirituellen Bemühens. Sie erfolgt nicht aus Furcht vor Strafe oder vor dem »Gerede der Leute«;[30] beides kann zu krankmachenden inneren Spannungen führen. Vielmehr reift in der Person des Übenden die universale Menschheitsethik in Form der *Yamas* und *Niyamas* heran und wird Bestandteil seines Wesens. Er verwirklicht diese Werte in sich, bis schließlich Gewaltlosigkeit, Ehrlichkeit usw. auf ganz natürliche Weise aus ihm herauskommen, in ihm »Fleisch geworden« sind.

Eine indische Geschichte illustriert dies:[31]

> *»Ein Yogi saß am Ufer des Ganges und meditierte. Als er die Augen öffnete, sah er einen Skorpion, der ins Wasser gefallen war und verzweifelt um sein Leben kämpfte. Voll Erbarmen streckte der Yogi seine Hand ins Wasser und legte den Skorpion ans Ufer; der aber stach seinen Retter, und es schmerzte ihn sehr. Nach einer Weile, als er die Augen öffnete, sah der Yogi den Skorpion, der ein zweites Mal ins Wasser geglitten war und zu ertrinken drohte. Und wiederum rettete er das Tier, und das Tier stach so heftig, daß der Yogi aufschrie. Als sich der Vorgang ein drittes Mal wiederholte, konnte sich ein Bauer, der alles vom Wegrand her beobachtet hatte, nicht länger halten. Verwundert rief er: ›Meister, warum hilfst du der elenden Kreatur immer wieder, wenn du als Dank nur schmerzhafte Stiche erntest?‹ – ›Wir beide folgen doch nur unserer Natur‹, antwortete der Yogi.*

›Es liegt in der Natur des Skorpions zu stechen und in meiner, Barmherzigkeit zu üben‹.«

Im Yoga-Sutra wird im einzelnen beschrieben, wozu es führt, wenn jemand zur Meisterung der *Yamas* und *Niyamas* gelangt ist. Dadurch kann der Yoga-Praktizierende den eigenen Standpunkt bestimmen. Wir wollen uns nicht in Details verlieren.[32] Als Beispiel möge deshalb nur das *Yama* Gewaltfreiheit erwähnt werden. Nach Sutra II/35 hat ein Yoga-Übender diese Tugend erst dann verwirklicht, wenn in seiner Nähe jegliche Feindseligkeit (von Mensch und Tier) aufgegeben wird.

Hieraus können wir erkennen, daß am Beginn der Yoga-Praxis nicht die totale Beherrschung der ersten beiden Stufen des achtstufigen Pfades gefordert wird. Verlangt wird vielmehr »nur« eine ernsthafte – aber unverkrampfte und die eigenen Grenzen beachtende – *Bemühung* um die *Yamas* und *Niyamas*. Denn wenn jemand völlig gewaltlos wäre, hätte er bereits einen so hohen Bewußtseinsstand, daß die anderen Übungen weithin überflüssig wären.

Man sieht dies ferner auch an den letzten drei *Niyamas*, (Willensstärkung, Selbststudium, Hingabe an Gott). Diese haben wir bereits beim *Kriya*-Yoga besprochen und dort als die eigentliche Übungsmethode kennengelernt. Was dort eine eigenständige Technik war, ist hier (noch) ein zurückgenommener, peripherer Übungsbereich.

Beachtenswert ist die Abfolge der *Yamas* und *Niyamas*. Bei den *Yamas* handelt es sich um die Aufforderung zur Zurückhaltung, zur Selbstkontrolle: »Du sollst nicht ...« oder besser »*Ich* soll nicht Gewalt anwenden, die Unwahrheit sprechen, stehlen usw.«. Dagegen sind die *Niyamas* – eine Aufforderung, ein Appell: »Du sollst ...« oder wieder besser »Ich soll reinlich sein, zufrieden sein etc.«. Der Grund für die Zweistufigkeit dieser ethischen Lebensregeln (zunächst »Ich soll nicht« und anschließend »Ich soll«) ergibt sich aus folgenden Überlegungen:

Die *Yamas* bereiten den Boden vor. Sie sind die ersten Handgriffe auf dem Weg zu einem heilen Menschen. Mit ihnen werden grobe Fehlhaltungen gezügelt. Es ist, wie wenn man ein davongaloppierendes Pferd zum Stehen bringen will. Man benötigt hierzu seine ganze Kraft. Aber Stillstand ist (noch) keine Bewegung auf das richtige Ziel hin. Sobald das Pferd wieder unter der Kontrolle des Reiters steht, kann dieser es in die gewünschte Richtung führen. Aus Verboten *allein* kann keine positive Entwicklung in Gang kommen. Deutlich wird dies in der Kindererziehung. Ein Kind akzeptiert ein »Nein« viel leichter, wenn ihm gleichzeitig gezeigt wird, was es an Stelle der verbotenen Handlung tun soll. Die menschliche Motorik läßt sich nicht einfach ausschalten; aber man kann sie umlenken. Schädliche, ungeordnete Energien werden so geordnet, gebündelt (Aufgabe der *Yamas*) und dann in die richtige Richtung gelenkt (Aufgabe der *Niyamas*).

Die *Yamas* beginnen mit der Bemühung um gewaltfreies Handeln; am Ende steht das Ringen um Begierdelosigkeit. Bei den *Niyamas* steht am Anfang das »Gebot« der Reinlichkeit (in körperlicher und geistiger Hinsicht); sie enden mit der Aufforderung der Hingabe an Gott. Dieser Auflistung liegt eine Rangfolge von aufeinander aufbauenden Charaktereigenschaften zugrunde. So ist ein Mensch, der begierdelos ist, auch frei von Gewalt. Man kann noch einen Schritt weitergehen und die *Niyamas* mit einbeziehen. Dann könnte man feststellen, daß einem Menschen, der alles auf Gott bezieht und der wahrhaft Hingabe entwickelt hat, jede Gier erloschen und auch jede Gewalt geschwunden ist. Es handelt sich also bei dem Bemühen, die *Yamas* und *Niyamas* zu verwirklichen, um eine Persönlichkeitsentwicklung. Dabei sollen zuerst die starken Fehlhaltungen abgebaut werden. Hierdurch treten die tieferliegenden negativen Verhaltensmuster zutage, so daß dann auch diese bearbeitet werden können.

Inhaltlich entsprechen die Yamas und Niyamas weitgehend den Zehn Geboten. Eine Ausnahme hiervon bildet das vierte *Yama*, das Keuschheitsgebot (*Brahmacarya*). Sexuelle Enthaltsamkeit wird im Yoga als erforderlich erachtet, wenn man das höchste Ziel erreichen will. Ausgelebte Sexualität führt zu einem entscheidenden Kräfteverlust und kann zu geistig-seelischer Instabilität und sinnlich orientierter Lebenshaltung führen. Spirituelles Wachstum ist dann behindert. Dies ist der Grund, weshalb auch das abendländische Mönchtum das Keuschheitsgebot übernommen hat. Denn auch das mönchische Ideal war und ist spirituelles Wachstum.

Gerade an diesem Punkt müssen wir uns aber daran erinnern, daß es zu Beginn der Übung des achtgliedrigen Pfades nicht darum gehen kann, die *Yamas* und *Niyamas* vollständig zu meistern. Wir müssen unsere Natur und unsere psychischen und körperlichen Grenzen akzeptieren. Der Vorsatz, gleich am Anfang des Yoga-Weges auf jegliche Sexualität zu verzichten, kann zu Spannungen, Neurosen, ja Aggressionen führen. Dadurch können wir uns im Ergebnis mehr schaden als nützen. An dem Keuschheitsgebot zeigt sich noch einmal, daß die *Yamas* und *Niyamas* primär keine Gesellschaftsregeln oder Vorschriften einer Religionsgemeinschaft sein wollen. Denn hier wäre – wenn man *Brah-*

macarya radikal verstünde – das Fortbestehen der Menschheit berührt. Wir haben vielmehr mit dieser Zusammenstellung von zweimal fünf Prinzipien ein Grundmuster vor uns, an dem sich spirituelles Suchen und Streben orientieren kann. Die *Yamas* und *Niyamas* beschreiben ein Basisverhalten für die Entwicklung des Bewußtseins.

Nach diesen beiden Läuterungsstufen wird von Patanjali der Körper als Übungsobjekt in das Blickfeld gerückt.

Der Körper als integraler Teil des Transfigurationsprozesses

> *»Tue deinem Leib Gutes, daß deine Seele Lust bekommt bei dir zu wohnen.«*
> *(Teresa von Avila)*

Die Körperübungen (Asanas) in den klassischen Texten

Wohl an keiner anderen Stelle wird der Unterschied zwischen dem klassischen Yoga und der heute weitverbreiteten Meinung *über* Yoga so deutlich wie hier. Bei Patanjali haben die Körperübungen *(Asanas)* nur die Funktion, die Konzentration zu ermöglichen, also die Gedanken zur Ruhe zu bringen und auszurichten. Deshalb widmet er den Körperübungen nur drei Sutras. Dabei wird das Wort *Asana* »Sitz« in seiner ursprünglichen Bedeutung gebraucht. In Sutra II/46 weist er kurz und bündig darauf hin:

> *»Der Sitz (das Asana*[33] *) sollte stabil und angenehm sein.«*

Dem Altmeister des Yoga geht es »nur« um das richtige Sitzen. Ein entspannter Sitz, der lang ausgehalten werden kann, ist eine Vorbedingung für geistige Sammlung. In der folgenden Sutra (II/47) gibt er an, daß man die Gedanken auf die Transzendenz richten soll, nachdem man den Sitz eingenommen hat. Diese knappe Beschäftigung mit den *Asanas* wird verständlich, wenn man bedenkt, daß es Patanjali nur um das Zentrale geht: die Darstellung der Struktur und Funktionsweise der Psyche sowie um die Überwindung der menschlichen Nöte durch Beseitigung ihrer Ursachen (*Klesas*). Dabei ist das Ziel, daß der Blick frei wird für das Absolute (Gott).

Dessen ungeachtet, hat Patanjali hier »Schüler« im Auge, die zu einer höheren Konzentration (*Dharana*) noch nicht fähig sind. Eine wirkliche Meditation oder gar *Samadhi* (*Unio mystica*) sind dem Yoga-»Schüler« auf dieser Stufe noch nicht möglich. Dies wird schon daraus klar, daß Patanjali im Anschluß an seine kurzen Ausführungen zu den *Asanas* die Technik der Atemübungen (*Pranayamas*) erläutert. Als deren Frucht, so führt er aus, stelle sich die Fähigkeit zur Konzentration ein (Yoga-Sutra II/53).

Patanjali geht es hier also zunächst nur um das Üben des Sitzens. Hieran muß der Körper allmählich gewöhnt werden. Hierzu ist seine Entspannung, Gesundung und Ertüchtigung nötig.

Diese Vorbereitungsarbeit will der Hatha-Yoga leisten. Dieser Yoga-Weg erhebt nicht den Anspruch, ein abgeschlossenes, vollständiges System zu sein; er versteht sich als Vorstufe für den klassischen Yoga.[34]

Die Tradition des Hatha-Yoga ist sehr viel jünger als der klassische Yoga.[35] Als Gründer wird Gorakhnath angesehen; er dürfte zwischen dem 9. und 12. Jh. n. Chr. gelebt haben.[36] Gorakhnath gilt als der Verfasser eines verlorengegangenen Textes *Hatha-Yoga* und des erhaltenen *Goraksa-Sataka* (sprich: Schataka; *Sataka* »aus hundert bestehend«).[37]

Diese Abhandlungen legten den Grundstein für eine reichhaltige, allerdings erst ab dem 15 Jh. n. Chr.[38] entstandene Spezialliteratur. Die wichtigsten Quellenwerke, neben den genannten, sind: die *Hathayogapradipika* (Leuchte des Hatha-Yoga), die *Gheranda-Samhita* (Sammlung der Lehren des Gheranda) und die *Siva-Samhita*.[39]
Der Hatha-Yoga besteht aus fünf Bestandteilen:

1. Körperübungen (*Asanas*)
2. Atemübungen (*Pranayamas*)
3. Reinigungsübungen (*Kriyas*)
4. gesunde Ernährung
5. geordnete Lebensführung.

Wir wollen uns im folgenden nur mit den Körperübungen (*Asanas*) und den Atemübungen (*Pranayamas*) befassen. Zwischen diesen beiden Übungsbereichen und den entsprechenden Gliedern von Patanjalis achtteiligem Pfad besteht, zumindest den Bezeichnungen nach, eine Verbindung. Deshalb ist der Hatha-Yoga in diesen Punkten im Rahmen unserer Betrachtung von Belang. Allerdings neigt diese Yoga-Disziplin dazu, das körperliche Moment überzubetonen. Die zum Teil sehr schwierigen, akrobatischen Körperübungen und extremen Atemkontrollen sind dem Raja-Yoga fremd.

Die Zahl der Yoga-*Asanas* im Hatha-Yoga ist unübersehbar groß. So heißt es, daß es so viele *Asanas* gäbe wie Menschen.[40] Andere sprechen von urprünglich 8,4 Millionen *Asanas*.[41] Die klassischen Werke des Hatha-Yoga nennen 84 Körperübungen. Mit dieser Zahl (und ihrer Verhundert- oder Vertausendfachung) wollen sich diese Texte allerdings nicht auf eine bestimmte Anzahl an Übungen festlegen. Die Zahl 84 hat mythologische Bedeutung und steht in ganz Indien für unübersehbare Fülle und Totalität.[42]

Von der verwirrenden Vielzahl der Körperübungen lassen sich Menschen, die Yoga bereits üben oder sich dafür interessieren, oft täuschen. Sie glauben vor allem im Westen, wo das Äußere und die körperliche Darstellung ohnehin eine größere Rolle spielen, daß Yoga um so effektiver sei, je mehr Körperübungen man beherrsche. Einige dieser *Asanas* sind sehr kompliziert und schwer zu erlernen. Daher schrecken viele Menschen vor Yoga zurück. Sie setzen bedauerlicherweise Yoga mit dem Erlernen exotischer Körperhaltungen gleich. Andererseits quälen sich in zahlreichen Kursen, ehrlicherweise oft ausdrücklich als Hatha-Yoga-Kurse bezeichnet, Woche für Woche Menschen ab; sie glauben, sich mit diesen Übungen auch geistig weiterzuentwickeln. Es besteht die irrige Vorstellung, daß die Krönung einer Yoga-Stunde oder des Yoga überhaupt der Kopfstand sei. Vermutlich gehört der Kopfstand (*Sirsasana*, sprich: Schirschasana) gar nicht zu den klassischen Hatha-Yoga-Übungen. Er wird in den Quellentexten des Hatha-Yoga jedenfalls nicht aufgeführt.[43] Hier liegt ein schwerwiegendes Mißverständnis vor. Es wird nicht nur der »Schüler«, hier wird der gesamte Yoga auf den Kopf gestellt. Hatha-Yoga ist kein Selbstzweck, sondern bildet eine Vorstufe zum klassischen Yoga. Der Yoga-Übende soll mit Hilfe des Hatha-Yoga für den klassischen Yoga (Raja-Yoga) vorbereitet werden. Der Körper soll entschlackt, entspannt, ertüchtigt werden, um die intensive geistige Sammlung, wie sie der Raja-Yoga anstrebt, nicht zu behindern.

Aber schon in den traditionellen Texten des Hatha-Yoga wird deutlich gemacht, daß es gar nicht so sehr auf die Beherrschung all dieser vielen *Asanas* ankommt. Von den 84 Übungen werden nur einige beschrieben und von diesen wiederum nur wenige speziell empfohlen.[44]

Die Bedeutung der Asanas

Wenn man nicht in dem reichhaltigen Angebot der heute vielerorts angebotenen Körperübungen ertrinken will, so muß man sich klarmachen, welche Aufgaben die *Asanas* eigentlich besitzen. Sie haben eine doppelte Zielrichtung.[45]

Einerseits verhelfen sie zu Gesundheit, ja zu Lebensfreude und zu einer erhöhten Lebensenergie. In der *Hathayogapradipika* wird deshalb lapidar etwa folgendes festgestellt:

Schlankheit, heiterer Gesichtsausdruck, leuchtende Augen, Gesundheit, gute Verdauung, ein gereinigtes Energiesystem (und daraus folgend: ein energiedurchpulster Körper) sind die Kennzeichen des Hatha-Yoga (Sutra II/78)

Die zweite Aufgabe der *Asanas* ist es, auf die Konzentration vorzubereiten und diese entwickeln zu helfen. Ein abgespannter, freudloser, ausgeleerter Mensch ist nicht imstande, sich über eine angemessene Zeit wirklich gut zu konzentrieren. Deshalb wird sich aus den richtig verstandenen und eingesetzten Übungen als automatische Konsequenz die Fähigkeit zu geistiger Sammlung ergeben. Im übrigen sind die Übungen so »konstruiert«, daß die Aufmerksamkeit gebunden ist. Man muß sich bei der Ausführung voll auf die jeweilige Haltung konzentrieren. Die *Asanas* führen ferner zu einer umfassenden Entspannung. Schließlich wird Vertrauen entwickelt, wenn die Übungen mit Hingabe und Ernsthaftigkeit durchgeführt werden. Vertrauen ist eine wesentliche Voraussetzung für eine gesteigerte Konzentrationsfähigkeit.

Zum Charakter der Yoga-Übungen gehört es schließlich, daß sie frei sind von jeder übertriebenen Körperbetonung. Sie erfordern wenig Kraftaufwand und führen durch ihre synergetische Konzeption zu einem Energieaufbau. Sie können deshalb von Menschen jeden Alters, Familienstands, Geschlechts, Berufs ausgeführt werden.

Systematisierung – Überblick behalten

Die angesprochenen *Asanas* lassen sich, wie folgt, systematisieren:[46]

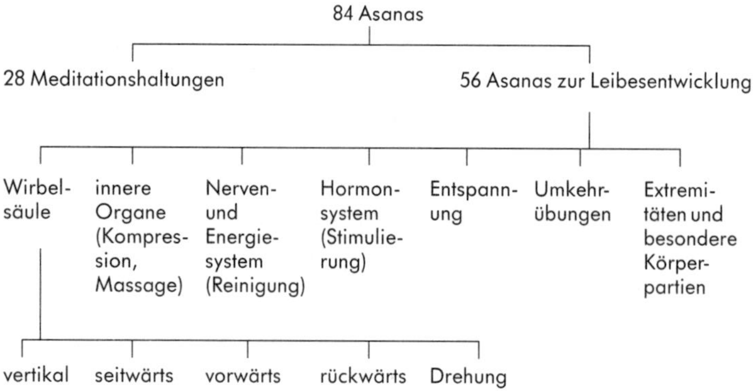

Abb. 10: Übersicht über die 84 klassischen Asanas des Hatha-Yoga

Innerhalb der 84 *Asanas* lassen sich zwei Hauptgruppen unterscheiden: Meditationshaltungen und Übungen zur Gesundheitspflege und Leibesentwicklung. Den Übungen der zweiten Gruppe ist eines gemeinsam: Sie führen zu einer Harmonisierung und Reinigung (Entschlackung) des Körpers, einschließlich des Nerven-, Hormon- und Energiesystems;[47] sie bauen Spannungen ab, lösen Verkrampfungen, aktivieren Unterfunktionen beziehungsweise dämpfen Überfunktionen[48] und führen so zu einer »optimalen Homöostase«.[49]

Viele *Asanas* wurden durch die Beobachtung und Nachahmung von Tieren entwickelt. Sie stellen somit das Ergebnis von frühen, allerdings gewaltfreien »Tierversuchen« dar.

Die wichtigsten *Asanas*, die der Leibesentwicklung dienen, haben folgende gemeinsame Kennzeichen:[50]

1. Bewegung und Entspannung im Wechsel[51]
2. Dehnung
3. geführte Atmung
4. Kompression und Stimulation der inneren Organe
5. positive Impulse für Nerven- und Hormonsystem
6. Reinigung des Energiesystems
7. Energieaufladung
8. innere Balance
9. Konzentration
10. Charakterentwicklung

Die *Asanas* beginnen mit einer Bewegungsphase. Hier wird der Kreislauf aktiviert, und es erfolgt eine Massage und Stimulierung der inneren Organe. Sehnen, Muskeln und Bänder werden gedehnt. An die Bewegungsphase schließt sich eine Ruhepause an, in der die Dehnung gehalten wird. Bewegung und Ruhephase werden an den Atem gekoppelt. Dadurch wird gleichzeitig ein Lungen- und Atemtraining integriert. Bewegung plus Ruhe plus Atmung wirken für sich schon harmonisierend auf das Nerven- Hormon- und Energiesystem. Die Übungen sind aber so angelegt, daß sie auch unmittelbar auf das Nerven-, Hormon- und Energiesystem stimulierend und reinigend wirken.

Zur Energieaufladung kommt es, weil bei den Übungen mehr Energie erzeugt als verbraucht wird. Es handelt sich durchwegs um *physio-ökonomische Stellungen*: Mit einem Minimum an Krafteinsatz (beispielsweise durch das Ausnutzen der Schwerkraft oder durch Atemkontrolle) werden physiologische Impulse von höchster Wirksamkeit ausgelöst. Hinzu kommt, daß mit einem *Asana* mehrere Effekte gleichzeitig erzielt werden.

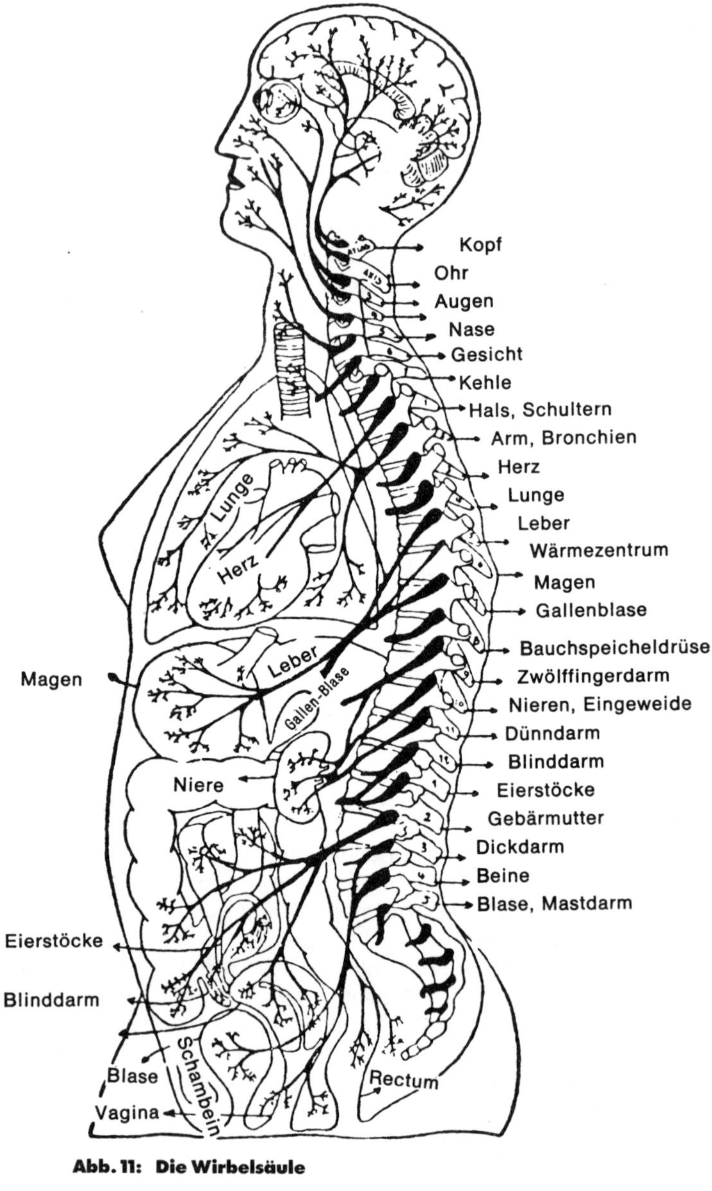

Abb. 11: Die Wirbelsäule

Schließlich ist eine Körperübung nur dann ein *Asana*, wenn sie zu einer inneren Balance führt und die Konzentration erhöht.

Eine besondere Stelle nehmen die *Asanas* ein, die positiv auf die Funktionsfähigkeit der Wirbelsäule einwirken. Den Yogis war bekannt, daß die Wirbelsäule Trägergerüst für die wichtigsten Nervenzentren und -bahnen darstellt. Dies zeigt die nachstehende Abbildung.[52]

Vom Gehirn kommend, laufen die Nerven über die Wirbelsäule und verteilen sich von dort aus in die einzelnen Organe. Augen, Herz, Lunge, Magen, Leber, Sexualorgane usw. werden von der Wirbelsäule aus enerviert. Das zeigt, daß bei einer muskulären Verspannung oder einer anatomischen Verklemmung des Rückgrats diese Organe ebenfalls betroffen sind.

Große Aufmerksamkeit wird auch den inneren Organen gewidmet. Viele Übungen beinhalten eine Massage, Kompression und Dehnung so wichtiger Körperteile wie Magen, Leber, Nieren, Gedärme. Die weiteren Übungsbereiche der *Asanas* sind die Extremitäten (Arme, Füße, Beine), bestimmte Körperpartien (beispielsweise Haare, Augenapparat, Atemwege) sowie Umkehrübungen und die Technik der Entspannung.

Aus dieser Übersicht läßt sich ableiten, daß man in Wirklichkeit mit sehr wenigen Übungen auskommt. So genügt *eine* Übung für die Meditation (statt 28). Für das Training der Wirbelsäule in ihren verschiedenen Bewegungsrichtungen reichen fünf Übungen. Hier sind dann aber bereits Übungen mit enthalten, die auf die Innenorgane wirken und auch die Extremitäten trainieren. Eine Entspannungsübung, eine Umkehrübung und »eine Handvoll« Übungen für besondere Körperpartien, die ohne weiteres auch während des Tages eingeschoben werden können, ergänzen das tägliche Übungsprogramm. Mehr Körperübungen sind nicht erforderlich, wenn man das eigentliche Ziel des Yoga sucht. Es sei betont, daß die hierfür geeigneten *Asanas* weder kompliziert noch schwer zu erlernen sind.

Die *Asanas* wirken aber nicht nur auf der körperlichen Ebene unseres Menschseins. Dies kommt schon allein daher, daß Körper und Psyche eng miteinander verbunden sind. So gibt die Körperhaltung eines Menschen oft Aufschluß über seine innere Haltung und seinen Charakter. Der Zusammenhang drückt sich auch in unserer Sprache aus: »Er läßt den Kopf hängen«; »er hat ein festes Rückgrat«; »er ist hartnäckig«; »er ist ein aufrechter Mensch«; »er hat ein steifes Benehmen« …

Die Körperübungen führen deshalb zu einer Charakterbildung und Persönlichkeitsentwicklung.[53] Sie setzen Impulse in unserer Psyche:

»Haltung und Gebärde drücken aus,was im Innern lebt, ... – sie wirken aber auch in dieses Innere hinein,geben ihm Halt, formen und erziehen es.« (Romano Guardini)

Unsere seelische Stimmung schlägt sich im Organismus nieder. Bei Angst und Ärger etwa tritt eine völlige Umstellung unseres Körpers ein. Die Hormone im Blut verändern sich; die Nerven sind angespannt, die Muskeln verkrampft; der Atem wird flach und unregelmäßig. Wir können nicht mehr klar denken. Wir vergiften uns innerlich. Unser Körper ist also eine Art Meßgerät der Psyche. An ihm könnten wir ablesen, wie es mit unserer emotionalen Situation bestellt ist.

Die Übungen haben ferner einen geradezu verjüngenden Effekt – körperlich und geistig. Im Alterungsprozeß verkürzen sich die Sehnen und Bänder, und die Muskeln bilden sich zurück. Durch geeignetes Dehnen hält man diese Entwicklung auf. Die Beweglichkeit bleibt erhalten beziehungweise wird wiedergewonnen. Solange unser Körper flexibel ist, bleiben wir auch geistig beweglich:

»Der Mensch, wenn er ins Leben tritt,
ist weich und schwach,
und wenn er stirbt,
so ist er hart und stark.
Die Pflanzen, wenn sie ins Leben treten,
sind weich und zart
und wenn sie sterben,
sind sie dürr und starr.
Darum sind die Harten und Starken
Gesellen des Todes,
die Weichen und Schwachen
Gesellen des Lebens.« (Laotse: Tao te king)

Auf der *emotionalen* Ebene führen die Übungen zu einer Erhöhung von Lebensfreude, zu einem Gefühl von Befreiung, Leichtigkeit und Gelöstheit und so zu einer Verminderung von Unlustgefühlen, Ängsten und Abhängigkeiten. Auf der *kognitiven* Ebene stellen sich als Resultate ein: bessere Konzentration, ruhigere und klarere Gedanken, Ablösung von Gedanken, die uns festhalten. Wir finden durch die Übungen Ruhe, Verankerung nach innen, Vertrauen und Sicherheit. Aus all dem ergibt sich auch eine Verbesserung unserer zwischenmenschlichen Beziehungen, unserer *sozialen* Dimension: Wir erhalten mehr Energie und Selbstsicherheit, eine größere Ausstrahlung auf andere und können so unseren Mitmenschen offener gegenübertreten.

Kontrolle und Speicherung von Lebenskraft – Aufgabe der Pranayamas

Als vierten Übungsbereich des achtgliedrigen Yoga-Pfades beschreibt Patanjali die *Pranayamas*. Gewöhnlich wird dieses Wort mit Atemkontrolle oder Atemzügelung übersetzt.[54] Diese Übersetzung ist insofern unscharf, als *Prana* nicht mit *Atem* gleichgesetzt werden kann. Zwar leitet sich das Wort *Prana* etymologisch von *pra* »vor« und *an* »atmen«[55] ab. Es bedeutet danach soviel wie *(Aus-)Atmen, Hauch, Luft*.[56] Doch die eigentliche Wortbedeutung ist umfassender:

Im indischen Denken ist *Prana* eine Kraft, die nicht nur im Atem, sondern beispielsweise auch in der Nahrung enthalten ist.[57] *Prana* ist kosmische Energie.[58] Deshalb kann man sie auch als Lebenskraft (Lebensenergie) bezeichnen.[59] Letztlich ist *Prana* überall: in den Emanationen der Sonne, in dem Sauerstoffausstoß der Bäume, ja selbst in der Ausstrahlung, die wir als Menschen haben. *Prana* wirkt in unserem ganzen Körper und hält seine Funktionen aufrecht. Der Stoffwechsel im Körper ist ebenso Ausdruck dieses Mediums, wie es die psychischen und mentalen Vorgänge sind. Gefühle oder Gedanken sind Lebensäußerungen, die an den Fluß des *Prana* gekoppelt sind. Daraus zieht man im Yoga den Schluß:[60] Wenn wir fähig sind, *Prana* zu kontrollieren, so beherrschen wir auch die psychischen, mentalen und physiologischen Vorgänge in uns. Wir sind imstande, bestimmte Körperfunktionen zu beeinflussen, unsere Gefühle zu lenken und unseren Denkprozeß zu kontrollieren.

Prana, das geheimnisvolle Medium

Der Begriff des *Prana* ist wissenschaftlich schwer zu fassen.[61] Es wäre jedoch vorschnell, wenn man deshalb die Existenz von *Prana* ignorieren würde. Seit Tausenden von Jahren sprechen die indische Literatur und Mythologie von dieser Kraft. Menschen mit echter Yoga-Erfahrung bezeugen ihr Vorhandensein und ihre Wirkungsweise.[62] Aber auch jeder andere Mensch – selbst ein Anfänger – spürt die beruhigende, harmonisierende und gleichzeitig vitalisierende Wirkung der *Pranayamas*.

Naturwissenschaftliche Erklärungsversuche

Dieses Konzept des *Prana* erinnert im übrigen aber auch an die Vorstellung berühmter Ärzte. So schreibt Hahnemann, der Begründer der Homöopathie:[63]

»Im gesunden Zustande des Menschen waltet die geistartige, als Dynamis den materiellen Körper (Organism) belebende Lebenskraft (Autocratie) unumschränkt und hält alle seine Theile in bewunderswürdig harmonischem Lebensgange in Gefühlen und Thätigkeiten, so daß unser inwohnende, vernünftige Geist sich dieses lebendigen, gesunden Werkzeugs frei zu dem höheren Zwecke unsers Daseins bedienen kann. ... Der materielle Organism, ohne Lebenskraft gedacht, ist keiner Empfindung, keiner Thätigkeit, keiner Selbsterhaltung fähig; ...«

Eine ähnliche Aussage ist uns von Hufeland, dem prominenten Arzt zur Zeit Goethes, überliefert:[64]

»Unstreitig gehört die Lebenskraft unter die allgemeinsten, unbegreiflichsten und gewaltigsten Kräfte der Natur. Sie erfüllt, sie bewegt alles, sie ist höchstwahrscheinlich der Grundquell, aus dem alle übrigen Kräfte der physischen, vorzüglich organischen Welt fließen. Sie ist's, die alles hervorbringt, erhält, erneuert, durch die die Schöpfung (auch nach Tausenden von Jahren) noch jeden Frühling mit eben der Pracht und Frischheit hervorgeht, als das erstemal, da sie aus der Hand ihres Schöpfers kam. Sie ist unerschöpflich, unendlich – ein wahrer ewiger Hauch der Gottheit.«

Analoge Hinweise finden wir in der Schöpfungsgeschichte der Bibel. Bei der Erschaffung des Menschen heißt es:

»Und Gott der Herr machte den Menschen aus einem Erdenkloß, und er blies ihm ein den lebendigen Odem in seine Nase. Und also ward der Mensch eine lebendige Seele« (1. Mose 2,7).

Mit anderen Worten: Erst durch den Odem wurde aus etwas Totem ein Lebendiges. Solange *Prana* oder Odem im Körper ist, bleibt der Organismus am Leben. Verläßt *Prana* den Körper, so tritt der Tod ein.[65]

Auch im Neuen Testament findet sich ein Hinweis auf die Göttlichkeit dieser Kraft. Der Evangelist Johannes berichtet:

»Und als er das gesagt hatte, blies er sie an und sagte zu ihnen: Nehmt hin den Heiligen Geist« (Joh.20,22).

Die innere Beziehung zwischen Atem, Luft und Heiligem Geist war bis ins ausgehende Mittelalter bekannt, wie dies nachstehende Abbildung zeigt.[66]

Abb. 12: Aer, »die Luft«, eine allegorische Darstellung des bedeutenden holländischen Kupferstechers Hendrik Goltzius (1558–1617). Der Hintergrund läßt die mittelalterliche Auffassung von der Verbindung zwischen Luft, Atem und Heiligem Geist erkennen.

Die Pranayamas im Raja-Yoga

Doch nun zurück zum klassischen Yoga. Patanjali behandelt die *Pranayamas* im Yoga-Sutra mit der ihm eigenen Präzision und Kürze. In nur fünf Sutras geht er auf diese Übungen ein. Dabei unterscheidet er vier Gruppen von Pranayamas, ohne jedoch detaillierte Anweisungen zu geben. Ferner gibt er den Effekt der Übungen an: Mit ihnen werden die Psyche und das Denken gereinigt und alles das beseitigt, was die Erkenntnisfähigkeit beeinträchtigt. Dies geht einher mit einer Erhöhung der Konzentrationsfähigkeit; wörtlich heißt es:

> *»Durch sie wird der Schleier vor dem Licht der Erkenntnis entfernt« (Yoga-Sutra II/52);*

> *»und der Verstand erlangt die Fähigkeit zur Konzentration« (Yoga-Sutra II/53).*

Diese enge Verbindung von Atmung und Denken wird nicht nur von Patanjali hervorgehoben, sondern ebenso von anderen großen Meistern immer wieder betont.[67] Auch in der spirituellen Praxis der christlichen Ostkirche war der Zusammenhang von Atmen und Denken bekannt. So wurde die Atemführung in die Gebetsübung der Athos-Mönche integriert.[68] Bei dem von ihnen geübten Herzensgebet wird das Gebetswort »*Kyrie eleison, Christe eleison*« mit dem ein- und ausströmenden Atem verbunden.[69]

Doch damit nicht genug. Die Mönche pflegten darüber hinaus eine Atemkontrolle nach Art der Pranayamas, indem sie den Atem anhielten. Diese Technik sollte auch hier die geistige Sammlung erhöhen. Der Einsiedler Nikephoros (13. Jh.) gibt folgende Anweisung:[70]

> *»Für dich, wie ich dir gesagt habe, setze dich hin, sammle deinen Geist, führe ihn – deinen Geist – in die Nasenlöcher ein; dies ist der Weg, den der Geist benützt um zum Herzen zu gelangen. Dränge, zwinge ihn in dein Herz hinabzusteigen zugleich mit der eingeatmeten Luft. Wenn er dort ist, wirst du sehen welche Freude darauf folgt; ... Mein Bruder, gewöhne doch deinen Geist, daß er nicht allzu schnell wieder aus dir heraustritt.«*

Und noch fünf Jahrhunderte später (im 18. Jh.) erläutert Nikodemos, der Hagiorit:[71]

> *»Warum man beim Gebet die Atmung anhalten soll. Weil der Geist oder die Tätigkeit des Geistes sich von Jugend auf gewöhnt hat sich auszubreiten und sich auf die sinnlich wahrnehmbaren Dinge der äußeren Welt zu zerstreuen, des-*

halb soll man, wenn man dieses Gebet spricht, nicht andauernd atmen wie die Natur sich gewöhnt hat, sondern seine Atmung ein wenig anhalten. ... Weil durch dieses augenblickliche Zurückhalten der Atmung das harte, dicke Herz dünner ... und ... nun zart, empfindlich, demütig ... wird.«

Dieser zweite Beleg ist noch aus einem anderen Grunde beachtenswert. Zeigt er doch, daß die Athosmönche – ebenso wie Patanjali – Atemübungen als Mittel und Vorstufe zur Sinnenkontrolle (*Pratyahara*) betrachteten. Wir sehen hier eine erneute Parallele zwischen dem Yoga und der christlichen Mystik. Beiden Traditionen geht es um den gleichen Prozeß; es gelangen ganz ähnliche Methoden der Bewußtseinsentwicklung zum Einsatz.

Atmen ist Leben

»Wer nur halb atmet,
lebt nur halb;
und wer die Kunst des Atmens beherrscht,
beherrscht auch die Kunst des Lebens.«
(Shri Yogendra)

Die gegenseitige Abhängigkeit von Atmung und menschlicher Befindlichkeit läßt sich auf allen Ebenen unseres Menschseins nachweisen. Auf der *physiologischen Ebene* bewirkt eine gute Atmung eine Verbesserung der Sauerstoffversorgung des Blutes und somit eine Erhöhung der Funktionsfähigkeit der inneren Organe und der Gehirn-, Nerven- und Drüsentätigkeit. Mit Hilfe des Sauerstoffs werden die Nährstoffe (Eiweiß, Fett, Kohlenhydrate) in Energie verwandelt. Wieviel Kraft wir unserem Körper zur Verfügung stellen, hängt damit ganz entscheidend von der Art und Weise unserer Atmung ab.

Auf der *emotionalen Ebene* läßt sich feststellen, daß eine vertiefte und rhythmische Atmung beruhigt.[72] Wenn wir uns beispielsweise ärgern, ist unsere Atmung kurz, ungleichmäßig und flach. Wenn wir uns bemühen, in dieser Situation langsamer, tiefer und gleichmäßiger zu atmen, so nehmen wir Einfluß auf unsere Emotionen. Wir können also negative Gedanken und Emotionen herunterschleusen und regelrecht »wegatmen«!

Hier wird die enge Verbindung zur Atmung auf der *kognitiven Ebene* deutlich. Unruhiges Denken – »Gedankensalat«, »Gedankenjagen« – drückt sich in einer flachen, verkrampften Atmung aus. Im Altgriechischen wird das Wort *phren* für das Zwerchfell (den Hauptatmungsmuskel) gebraucht; gleichzeitig bedeutet es Verstand und Bewußtsein. Rechtes Atmen harmonisiert das Denken, macht es stetiger, klarer, unbeeinflußter und konzentrierter. Ein chinesisches Sprichwort lautet:

> *»Wer recht atmet, denkt recht – wer schlecht atmet, denkt schlecht.«*

Patanjali geht es auch hier nur um das Zentrale. Er geht deshalb nicht auf die physiologischen Wirkungen der Pranayamas ein. Sein Augenmerk ist allein auf die Überwindung der *Klesas*, also auf die Befreiung von Leid, und auf die Erkenntnis einer höheren Wirklichkeit gerichtet.

Der Energiekörper im Hatha-Yoga

Der mehr medizinisch-physiologische Aspekt der *Pranayamas* wird dagegen um so stärker im Hatha-Yoga betont. So führen die Yogis ihre umfassende Gesundheit und ihr geradezu sprichwörtlich langes Leben vor allem auf die Atemübungen zurück. Sie stellten fest, daß Tiere, die langsam atmen (wie Elefant und Schildkröte), länger leben, während »kurzatmige« Tiere (etwa die Maus) auch nur ein kurzes Leben fristen. Deshalb wird die Atemfrequenz, also die Anzahl unserer Atemzüge in der Minute, als ein Lebensindex (Vitalindex) betrachtet.

Nach Aussage der Hatha-Yoga-Texte fließt das *Prana* in bestimmten Energiebahnen, den sogenannten *Nadis* (wörtlich: Fluß). Da *Prana* das lebenserhaltende Prinzip selbst ist und somit in jeder Zelle vorhanden sein muß, stellt man sich diese Energiekanäle (*Nadis*) als unendlich feine Verästelungen im menschlichen Körper vor.

Es hat den Anschein, als wollten die Hatha-Yoga-Schriften die Anzahl dieser Energiekanäle quantifizieren. So werden Angaben über die Zahl der *Nadis* gemacht, die von 72000 bis 300000 reichen. Die Hathayogapradipika (Sutra VI/18) spricht von 72000 solcher Adern; Siva-Samhita (Sutra II/14) und Goraksa-Sataka (Sutra 13) erwähnen 300000 *Nadis*. Andere Quellen nennen Zahlen von 80000 bis 200000.[73]

Diese Zahlenangaben dürfen aber nicht wörtlich genommen werden. Sie sind Ausdruck der mythologischen Sprache des Hatha-Yoga[74] und wollen lediglich deutlich machen, daß es sich bei dem System der Nadis um ein sehr subtiles und durchdringendes Geflecht von Energiekanälen handelt.

Daß im menschlichen Körper neben dem System der Blutgefäße, dem Nerven-, Hormon- und Lymphsystem auch ein Geflecht an Energiekanälen (Energiesystem) existiert, wird auch von westlichen Schulmedizinern immer mehr anerkannt. In der chinesischen Heilkunst ist ein solches System an Energiekanälen im menschlichen Körper, *Meridiane* genannt, seit Tausenden von Jahren Grundlage der Therapie (z.B. bei der Akupunktur) und Gesundheitsvorsorge (etwa durch *Tai Chi*, dem sogenannten »Schattenboxen«).[75] Man kann davon ausgehen, daß die *Nadis* und *Meridiane* Teil des gleichen Energiesystems sind beziehungsweise dieses Geflecht an »Energieadern« bilden.[76] Die beiden Begriffe werden allerdings für unterschiedliche Ziele und Ansätze verwendet. In der chinesischen Medizin geht es um körperliche Gesundheit und um ein langes Leben. Im Yoga steht die spirituelle Transformation der Persönlichkeit im Zentrum des Bemühens; die Reinigung der Nadis soll diesen Prozeß unterstützen. Die Akupunktur »nadelt«, insbesondere im Westen, vor allem die Meridiane an der Oberfläche des Körpers (in der Haut), wenngleich in China die Nadeln auch tiefer gesetzt werden. Im Hatha-Yoga sind nur wenige, im Körperinneren liegende Hauptnadis und die damit verbundenen Energiezentren (*Cakras* »Räder«; sprich: Tschakras)[77] Gegenstand des Interesses. Diese Energiezentren sind es aber auch, von denen aus – über die inneren Nadis – die außen liegenden Meridiane versorgt werden.[78]

Für die Praxis des Hatha-Yoga sind eigentlich nur drei Hauptnadis von Bedeutung. Zwei dieser Hauptenergiekanäle verlaufen links und rechts der Wirbelsäule; sie werden als *Ida* und *Pingala* bezeichnet. Der dritte Strang (*Susumna*) befindet sich innerhalb der Wirbelsäule.[79] Im Hatha-Yoga wird nun gesagt, daß die *Nadis* beim normalen Menschen verunreinigt seien, so daß *Prana*, die Lebenskraft, nicht ungehindert fließen könne. Erst durch die Entschlackung der Energieadern würden diese Kanäle frei und der Mensch komme in den Besitz seines vollen Energiepotentials. Dies soll vor allem durch *Asanas* und *Pranayamas*, aber auch durch eine gesunde Ernährung und eine geordnete Lebensführung sowie durch spezielle Reinigungsübungen (*Kriyas*) vollzogen werden.

Überwindung der Polaritäten

Doch der Hatha-Yoga geht noch einen Schritt weiter. Man sieht in der Durchlässigkeit des dritten, mittleren Energiekanals (*Susumna*) einen Indikator für das spirituelle Bewußtsein eines Menschen. Solange dieser Energiekanal verstopft ist, fließt durch ihn sehr wenig Energie. Das *Prana* weicht deshalb auf die Nebenwege *Ida* und *Pingala* aus. Diese beiden Energieadern stellen Polaritäten dar. Denn in der Symbolik des Hatha-Yoga bedeutet *Ida* Mond und *Pingala* Sonne.[80] Sie entsprechen den kosmologischen Begriffen *Yin* und *Yang* der chinesischen Philosophie.[81] Der Mond (*Ida, Yin*) ist das Symbol für das passive, sich in Ruhe befindliche (statische), aufnehmende, »weibliche« Prinzip. Die Sonne (*Pingala, Yang*) stellt dagegen das aktive, bewegte (dynamische), abgebende, »männliche« Element dar. Wenn das Prana gehindert ist, durch den mittleren Energiekanal (*Susumna*) zu fließen, und so gezwungen wird, auf die Nebenwege *Ida* und *Pingala* auszuweichen, besagt dies: Auch der Mensch ist diesen Polaritäten des Lebens unterworfen. Er bleibt hin- und hergerissen von den Wechselfällen der Ereignisse und unfähig, die dahinterstehende göttliche Realität zu erkennen.

Der interessierte Leser kann sich diese polaren Energieströme *Ida* und *Pingala* durch ein kleines Selbstexperiment näherbringen. Beim Atmen können wir feststellen, daß unsere beiden Nasengänge unterschiedlich durchlässig sind. Hält man sich zuerst das linke Nasenloch (Mündung des *Ida-Nadi*) und anschließend das rechte Nasenloch (Mündung des *Pingala-Nadi*) zu, so kann man dies unschwer spüren. Die Asymmetrie wechselt jedoch mit einer gewissen Regelmäßigkeit (etwa im Abstand von ein bis zwei Stunden). Wenn man nach dieser Zeit den Versuch noch einmal ausführt, kann man beobachten, daß jetzt der andere Nasengang der »aktivere« geworden ist. Der Mensch ist also auf einen Ausgleich dieser Polaritäten hin angelegt.

Kundalini – Die Kraft der Mitte

Durch die Techniken des Hatha-Yoga erreicht man, nach den Aussagen der Hatha-Yoga-Literatur, daß die *pranische* Energie durch den Mittelkanal fließt. Auf diese Weise wird der Umweg über die beiden äußeren Wege *Ida* und *Pingala* vermieden, die auch als »Fallen« bezeichnet werden.[82] Eine solche Angabe darf jedoch nicht zu dem Schluß verleiten, daß dies allein durch bestimmte Körpertechniken »produziert« werden könne. Die Erschließung der *Susumna* ist kein rein körperlicher Akt. Der Prozeß der Bewußtseinsentwicklung des Menschen findet hier nur seinen Niederschlag im (»Energie-«)Körper. Die Erweckung der »Kraft der Mitte« – der technische Begriff ist *Kundalini* – ist Ausdruck eines erweiterten, geläuterten Bewußtseins.

Daraus wird deutlich, daß die in der Hatha-Yoga-Literatur beschriebenen (und zum Teil extremen) *Pranayamas* für sich allein wenig nützen. Werden bloße Atemübungen bis zum Exzeß betrieben, können sie viel eher eine Schädigung des Nervensystems und der Psyche bewirken, wenn nicht der Yoga-Übende bereit ist, sich eines moralischen Lebenswandels zu befleißigen und eine geordnete, gesunde Lebensweise zu führen.[83] Die rüde Anwendung solcher Atemtechniken läßt sich vergleichen mit dem Versuch, Luft in einen löchrigen Fahrradschlauch zu pumpen. Soviel man auch pumpen mag, die Luft entweicht wieder. Das einzige Resultat: Die Fahrradpumpe wird heiß.

Die Gewalt dieser Kundalini-Kraft wird von Zeugen der Gegenwart und Vergangenheit in ihren Erfahrungsberichten eindringlich beschrieben.[84] Es handelt sich hierbei um eine kosmische, göttliche Kraft, die nur der »Auserwählte« ohne Schaden erfahren darf. Sie erinnert an den brennenden Dornbusch in der Wüste (2. Mose 3,2).

Dennoch steht in manchen Yoga-Wegen die »Erweckung« der *Kundalini* im Mittelpunkt des Strebens. Neben dem Hatha-Yoga sind hier vor allem der *Kundalini*-Yoga und der tantrische Yoga zu nennen. In den Lehrbüchern dieser Yoga-Disziplinen wird die *Kundalini*-Kraft als Schlange beschrieben, die am unteren Ende der Wirbelsäule zusammengerollt schläft.[85] Die zahlreichen Techniken dieser Yoga-Wege zielen darauf ab, die »Schlangenkraft« zum Hochsteigen zu bringen. Yoga-Angeboten, die mit der Aktivierung der *Kundalini*-Energie werben, sollte man kritisch gegenübertreten. Meist stellen sie auf die Sensationslust möglicher Interessenten und deren Wunsch nach schnellen Erfolgen ab. Betont körperliche Erweckungstechniken (z. B. intensive *Pranayamas*) sind für Körper und Psyche nicht ungefährlich. Sie führen vor allem zu keinem echten Erfolg, wenn sie aus einem Leistungsdenken heraus zum Einsatz gelangen und nicht mit einer umfassenden Schulung und Läuterung der Persönlichkeit verbunden sind.

Die Schleuse zum Übersinnlichen – Pratyahara

Patanjali weist demgegenüber im Raja-Yoga (dem klassischen Yoga) einen bewußtseinsorientierten und ungefährlichen Weg. Er ist frei von Brechstangen-Techniken. Zu ihm wollen wir nun zurückkehren.

Die Dimension der Tiefe

Wenn der Yoga-»Schüler« die ersten vier Glieder des achtstufigen Pfades über längere Zeit übt, kommt er ganz natürlich zur nächsten Stufe, die von Patanjali *Pratyahara* genannt wird und soviel bedeutet wie Abstraktion oder Zurückziehen/Abziehen der Sinne. Ab hier beginnt der eigentliche Raja-Yoga, der obere Yoga (wörtlich »königlicher Yoga«). Auf dieser Stufe versucht der Yoga-Übende, seine Sinne von den Objekten der Außenwelt zurückzuziehen und sie völlig unter die Herrschaft seines Bewußtseins und Willens zu stellen. Das Ziel ist, frei zu werden von der Knechtschaft der sensoriellen Eindrücke. Es geht darum, nicht mehr auf jeden äußeren Reiz zu *reagieren*, sondern statt dessen die Sinneswerkzeuge zu *dirigieren*. Mit anderen Worten: Das Reiz-Reaktions-Muster soll überwunden werden.

Mit einem anschaulichen Bild beschreibt Vyasa, der legendäre Kommentator des Yoga-Sutra, die Fähigkeit zu *Pratyahara*:[86]

> »*Wie die Bienen dem Flug ihrer Königin folgen und sich niederlassen, wenn sie sich niederläßt, so sollen die Sinne dem Verstand gehorchen.*«

Dann erlangt der Übende die Fähigkeit, hinter die Dinge zu schauen und die »Oberfläche der Welt« mit ihrem Glitzern und Flimmern zu durchdringen. Dieses Abziehen der Sinne von der Oberfläche des Lebens eröffnet eine spirituelle Dimension. Der Theologe Paul Tillich bezeichnet sie treffend als »Dimension der Tiefe« oder »religiöse Dimension«.[87]

Diese nach außen orientierte Stoßrichtung unserer Sinne wird exemplarisch in der Anatomie unseres Sehsinns sichtbar. Abbildung 13 zeigt den Querschnitt durch die Netzhaut eines Auges. Man sieht deutlich, wie die Zapfenzellen, Pfeilen gleich, nach außen gerichtet sind.[88]

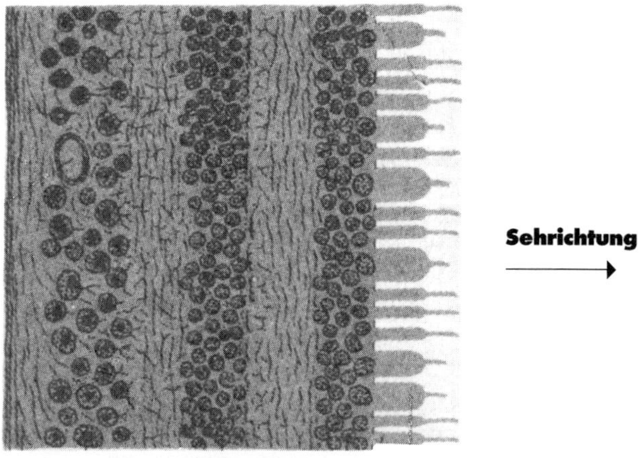

Abb. 13: Netzhaut des Auges

Wie Prometheus, an die Kaukasusfelsen geschmiedet, dem Martyrium des Adlers ausgesetzt war, so binden uns unsere Sinne an die Welt und bewirken Leiden. Das Leiden kommt daher, daß wir die Vorgänge in der Welt und unser Leben nicht aus der richtigen Perspektive betrachten. Wir sehen alles nur zweidimensional von der Ebene der Oberfläche aus, Wasserflöhen auf einem Tümpel gleich. So wie diese von der Oberflächenspannung des Wassers abhängig sind, bleiben auch wir an der äußeren Haut der Dinge hängen. Ja, wir haben Angst, eine Etage tiefer zu steigen, weil wir fürchten, daß dies mit einem Einsatz verbunden sei, den wir nicht leisten wollen oder können. Es ist wie in der Geschichte vom Wahrheitsladen:[89]

> *»Ich schlenderte die Straßen entlang, plötzlich sah ich es, ein Geschäft mit der Aufschrift ›Der Wahrheitsladen‹. Neugierig trat ich ein, denn die Wahrheit, die reine, ungeschminkte, hat mich schon immer interessiert. Im Verkaufsraum standen Wühltische mit Wahrheiten zu weit herabgesetzten Preisen: auslaufende Wahrheiten, Wahrheiten der letzten Saison, Wahrheiten mit unbedeutenden kleinen Mängeln. Die Menschen drängten sich. Weiter hinten hingen preiswerte Modelle gediegener Wahrheiten, die zu besonderen Anlässen gedacht waren. Es gab auch zeitlose Wahrheiten, die zu vielen Gelegenheiten paßten. Keines der Stücke befriedigte mich. Ich wollte die echte Wahrheit. Die Verkäuferin wies auf einen Nebenraum. Ich trat ein: gedämpftes Licht, eine ruhige Atmosphäre, keine Kunden, vom Verkaufslärm im Hauptgeschäftsraum war nichts zu hören. Nur ein einziger Verkäufer war anwesend. Ihn fragte ich nach der reinen Wahrheit. Seine unergründlichen Augen musterten mich mit einer Mischung aus Spott und Mitleid. Er zeigte auf eine schwach beleuchtete Vitrine. – Hier lag sie: das, wonach ich suchte, vor meinen Augen! Ich nickte. Der Verkäufer nannte mir den Preis: ›Wenn Sie die nehmen, bezahlen Sie mit Ihrer sicheren Position, Ihrer gesellschaftlichen Stellung, und Sie müssen Ihre Freunde und Bekannten drangeben‹. Traurig verließ ich den Laden. Der Preis war mir zu hoch.«*

Die Geschichte will uns lehren, daß Wahrheitssuche Stehvermögen und Verzicht erfordert. Äußere Dinge sind vergänglich. Ihnen nachzujagen, macht deshalb vom Standpunkt des Yoga aus wenig Sinn. Und die Kraft, die bei diesem Nachjagen und Festhalten verbraucht wird, fehlt bei der geistigen Suche. Auch Christus fordert ja (Mt. 6,19-20):

> *»Ihr sollt euch nicht Schätze sammeln auf Erden, wo sie die Motten und der Rost fressen …*
> *Sammelt euch aber Schätze im Himmel.«*

Der »Himmel«, also die höhere Wirklichkeit, wo Leid und Vergänglichkeit überwunden sind, läßt sich nur erreichen, wenn man sich nicht an »irdischen« Besitz klammert. Dies läßt sich auf die spirituelle Formel bringen:

»Der Verzicht auf einer niedrigen Ebene
führt zu einem Gewinn auf einer höheren Ebene.«[90]
(Jayadeva Yogendra)

Die Mystiker wußten hiervon. Ihr Weg war eine solche Suche nach der Wahrheit. Ruysbroeck, der bedeutendste niederländische Mystiker des Mittelalters und ein Schüler Meister Eckharts, formulierte dies so:

»Nimmermehr wirst Du die Wahrheit erkennen,
lebst außen nur Du in der Sinnlichkeit Fessel.
Von innen urständet das klare Erkennen,
von innen das Licht, das die Finsternis bricht.«

Auch Augustinus mahnte:[91]

»Geh nicht nach draußen, kehr ein bei dir selbst! Im inneren Menschen wohnt die Wahrheit.«

Der »Seelensee«

Wir können unser Bewußtsein mit einem See vergleichen[92] (Abbildung 14). Die waagrechten Pfeile stellen unser Normalbewußtsein dar. Es ist beschränkt auf die zweidimensionale Welt der Oberfläche; es schwimmt auf den Wellen der »weltlichen« Ereignisse und wird von ihnen hin- und hergeworfen. Unsere Sinne entdecken viel Begehrenswertes: Wenn wir schöne Kleider, ein schmuckes Haus oder ein repräsentatives Auto sehen, so wollen wir dies haben. Nicht selten verbrauchen wir unsere ganze Kraft, um solche äußeren Ziele zu erreichen.

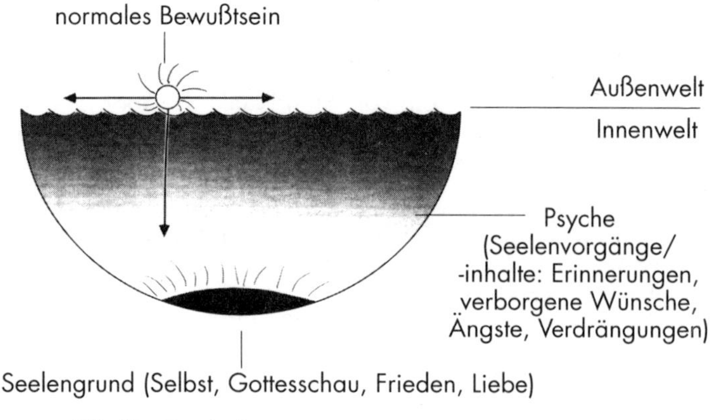

Abb. 14: Der Seelensee

Für die Dimension der Tiefe bleibt oft keine Energie übrig. Auf diese Weise bleibt unser Leben flach und vordergründig. Spirituelle Suche dagegen bedeutet, die Kraft zu bündeln, um die Oberflächenspannung zu durchstoßen. Der Yogi will, wie auch der Mystiker, die Wellen des Gemüts, die quirlenden Gedanken und wogenden Emotionen zur Ruhe bringen. Denn nur so ist es möglich, intensiv nach innen zu blicken.

Am Beginn einer solchen Umkehr lernen wir, uns mit neuen Augen zu sehen. Wir beobachten, welche Tiefenströmungen unsere Psyche aufweist und mit welchen Inhalten sie angefüllt ist. Allmählich kann es gelingen, den Antriebsmotor für unser Handeln auszumachen und den Hintergrund unserer schwankenden Stimmungen zu erkennen. Dort – unter dieser Oberfläche – haust auch all das, was wir verdrängt haben und nicht wahrhaben wollen. Eine solche Innenschau ist deshalb nicht immer angenehm. Doch parallel zu diesem manchmal schmerzlichen Prozeß der Selbsterkenntnis erlangen wir ein besseres Verständnis der Außenwelt. Wir sehen die Zusammenhänge klarer und deutlicher; es zeigt sich eine Ordnung hinter den Dingen. Dadurch wächst Vertrauen. Unser Leben steht dann nicht mehr auf den tönernen Füßen unserer Einbildungen und der hieraus folgenden Gefahr von Ent-täuschungen; es ruht auf dem festen Fundament wahren Erkennens.

Im weiteren Verlauf des Übens von *Pratyahara*, dem Zurückziehen der Sinne, heißt es dann, auch die Seelen*inhalte* zu überwinden und zurückzulassen. Es gilt vorzudringen auf den Seelengrund.[93] Dort finden wir Frieden, Liebe, Erkenntnis, Freiheit – wartet auf uns Gott:[94]

> *»… es gibt ein Etwas in der Seele, worin Gott lebt, und es gibt ein Etwas in der Seele, wo die Seele in Gott lebt. Wenn (aber) die Seele sich herauskehrt auf äußere Dinge, so stirbt sie, und Gott stirbt auch für die Seele.«*

Im Cherubinischen Wandersmann ruft uns Angelus Silesius zu:

> *»Halt an, wo läufst Du hin, der Himmel ist in Dir!*
> *Suchst Du ihn anderswo, fehlst Du ihn für und für.«*

Pratyahara, das Zurückziehen der Sinne, ist somit nichts Fremdartiges, sondern ein tiefes Bedürfnis unserer inneren Natur: es ist ein Heimgehen. *Pratyahara* erinnert an den treffenden Satz von Matthias Claudius:

> *»Und willst Du recht zu Hause sein,*
> *dann kehre bei dir selber ein.«*

In unserer heutigen Zeit ist das Erreichen dieser Stufe des Zurückziehens der Sinne (*Pratyahara*) wahrscheinlich besonders schwierig. Unsere Gesellschaft ist sensoriell ausgerichtet.[95] Nur was man sehen, hören, riechen, schmecken, fühlen kann, wird für wirklich gehalten. Über unser Leben ist ein Schleier sinnlicher Reize gebreitet: Beschallung in den Kaufhäusern, Radio bei der Arbeit und im Auto, abends Fernsehen. Je bunter, knalliger etwas ist, als um so moderner, attraktiver gilt es.

Die Sinne sind deshalb die Organe, denen wir zu gehorchen gelernt haben. Wir merken gar nicht, wie beschränkt sie sind. Unsere Augen sehen nur eine gewisse Distanz. Was darüber hinausgeht, bleibt uns verborgen. Entsprechendes gilt für die Ohren und die Nase; auch deren Reichweite ist nur kurz. Trotzdem bleiben wir den Sinnen unterworfen und versuchen, unser Glück über sie zu finden. Die Folge ist (geradezu zwanghafter) Konsum:[96] gutes Essen und Trinken, angenehmes Wohnen, schöner Urlaub, sexueller Genuß ...[97]

In diesem kulturellen Klima stellt die spirituelle Suche, die das Abschütteln der Herrschaft der Sinne bedingt, ein Schwimmen gegen einen starken Strom dar. Aber der Strom ist nicht nur außen. Unsere Innenwelt ist durch die Sinnenorientierung so stark geprägt, daß sogar in einem günstigen Umfeld erhebliche Schwierigkeiten auftreten. Teilnehmer in Yoga-Kursen haben zu Beginn nicht selten Mühe, nur zehn Minuten mit geschlossenen Augen im Schweigen zu sitzen. Manche halten eine solche Übung für einen okkulten Vorgang und fühlen sich unbehaglich dabei.

Das Problem liegt darin, daß wir die Bilder, die unsere Augen in unsere Innenwelt projiziert haben, nicht einfach ausschalten können. So bleiben wir selbst bei solchen Übungen der »Kraft der Sinne« unterworfen: Wir werden kribbelig, unruhig, wollen aktiv werden. Die Motorik unseres Körpers trägt ihren Teil dazu bei.

Bei einer solchen inneren und äußeren Situation ist ernsthaftes spirituelles Streben eine herkulische Aufgabe. Zwar suchen immer mehr Menschen nach einem Weg, ihr als sinnlos empfundenes Leben zu verändern und eine Lösung ihrer Probleme zu finden. Aber die Suche findet meist innerhalb der durch die sinnlich-materialistische Prägung gezogenen Grenzen statt. Dies läßt sich daran ablesen, daß das Angebot an Methoden, Techniken und Programmen auf dem Gebiet der Psychotherapie und Spiritualität immer vielfältiger und schillernder wird. Unter dem weiten Gewande des »New Age« breitet sich ein Markt aus, der von Okkultismus über Psychotherapie bis hin zu alten Weisheitswegen reicht; häufig werden traditionelle Wege neu verpackt oder miteinander vermischt – eine Art *Patchwork*- oder »Fleckerlteppich« -Spiritualität entsteht. Die Besucher dieses Marktes verlangen und greifen nach diesen »Produkten« in einer Art Einkaufsbummel. Sie probieren eine Zeitlang einmal diese Methode, dann jenen Weg. Nicht selten werden verschiedene Techniken gleichzeitig angewendet. Sobald eine gewisse Anstrengung erforderlich wird – ein Einsatz, den sie nicht mehr leisten wollen, weil er dem gewohnten Lustprinzip zuwiderläuft – springen sie ab und wenden sich einer neuen Richtung zu.

Diese Menschen erkennen nicht, daß sie im rotierenden Käfig ihrer materialistischen Prägung gefangen sind und ihre Suche nicht geistiges Streben darstellt, sondern Kauflust: Spiritualität als Konsumartikel. Trungpa bezeichnet diese Verhaltensweise treffend als »spirituellen Materialismus«.[98] Spiritualität läßt sich jedoch nicht konsumieren, schon gar nicht kaufen. Sie ist, wie wir noch sehen werden, beides gleichzeitig: intensives Bemühen und Geschenk. Die Folgen eines solchen Mißverständnisses sind nicht selten schmerzlich. Es kommt nicht zu einer Verfeinerung und Stärkung von Geist, Psyche und Körper. Vielmehr können die halbherzigen, oberflächlichen und immer wieder abgebrochenen Versuche zu einer Verwirrung des Denkens und einer Destabilisierung der psychischen Verfassung führen.

Voraussetzungen der Meditation

Mißverständnissen ist vorzubeugen: Zurückziehen der Sinne heißt nicht, sich vom Leben zurückzuziehen und mit der Welt nichts mehr zu tun haben zu wollen, um von nun an ständig in »Meditation« zu sitzen. Die Vorstellung, daß ein Yogi fortwährend mit gekreuzten Beinen und geschlossenen Augen, unberührt von der Außenwelt und nur in sich versunken, verweilt, stimmt mit der Wirklichkeit nicht überein. Dies kann man den Biographien bekannter Meister entnehmen oder in Indien »vor Ort« erleben.

Die Stufe des *Pratyahara* kennzeichnet vielmehr einen Reifegrad. Ab hier ist jemand imstande, die Sinne unter Kontrolle zu bringen, so daß sie dem Willen gehorchen. Man kann sie dann daran hindern – was dem ungeübten Menschen im allgemeinen unmöglich ist –, umherzustreunen und die Aufmerksamkeit abzulenken. Dies kommt einen auch bei ganz normalen Tätigkeiten zugute. Ein Mensch, der bei seiner Arbeit voll konzentriert bleiben kann, erreicht eine andere Intensität seines Tuns. Er erkennt Zusammenhänge und sieht hinter die Dinge. Große Erfinder und bekannte Wissenschaftler hatten (und haben) vielfach diesen Grad an Konzentration.

Wie oft sind es dagegen unsere Gedanken und (negativen) Gefühle, die eine solch tiefe Sammlung nicht zulassen? Wie oft sagen wir im Inneren und nicht selten unterhalb der Schwelle des Bewußtseins: »Ich habe keine Lust«; »Ich schaff' das nicht« usw.? Es liegt auf der Hand, daß wir so weder sehr erfolgreich sein werden noch energie- und freudvoll arbeiten können. Unser Bewußtsein bleibt in den Niederungen unseres kleinen Ichs stecken.

Ein Steinbrucharbeiter wurde von einem Besucher einmal gefragt: »Was machst Du da?« »Ich breche Steine«, war die Antwort. Der Besucher stellte die Frage noch einem anderen Arbeiter im Steinbruch. Dieser gab zurück: »Ich baue mit an einem Dom zur Ehre Gottes.«

Sinnenkontrolle ist nicht nur Voraussetzung für die *Konzentration*, sondern erst recht für die *Meditation*, also für die Stufen sechs und sieben in Patanjalis achtgliederigem Pfad. Es wäre somit verfehlt zu glauben, spirituelles Wachstum sei allein dadurch garantiert, daß man eine Meditationshaltung einnähme. Zwar werden sich im Normalfall zu Beginn eine gewisse Ruhe und Orientierung nach innen einstellen. Hieraus *kann* ein neues Leben beginnen. Betont langes Sitzen allein führt jedoch nicht weiter. Die spirituelle Praxis muß einhergehen mit der Übernahme von Verantwortung für die eigene Lebenssituation, mit dem Eintreten in den Pflichtenkreis, in dem der einzelne steht, und mit der ständigen Bemühung um charakterliche Läuterung. Dies muß in der aktiven Daseinsbewältigung geschehen. Ein Rückzug aus dem Leben und ein »Warten auf die Erleuchtung« führen nicht zu einer positiven Entwicklung des Individuums, sondern zu einer Persönlichkeits*schwächung*. Geistiger Fortschritt bedarf einer Körper, Seele und Geist umfassenden Schulung. Hierzu taugt der Elfenbeinturm der eigenen Psyche nicht. Mein Lehrer drückte dies einmal so aus:[99]

»Wir dürfen nicht vor dem Leben davonlaufen, um in einer Höhle zu meditieren. Wir können vielmehr durch unsere jeweilige Lebenssituation, unsere Arbeit und unsere Beziehungen zu anderen Menschen viel lernen. Was man in einer künstlichen Situation lernt, kann man nicht auf das Leben übertragen. Alles, was man in einer Höhle oder im Urwald lernt, ist dem Alltag, in dem man tätig sein muß, so fern, daß es irrelevant ist.«

Spirituelles Streben muß deshalb Partner, Kinder und Eltern, die berufliche Stellung usw. berücksichtigen. In diesem Zusammenspiel erleben wir uns mit unseren Stärken und Schwächen. Das ist ein ständiger Prozeß der Selbsterkenntnis und eines inneren

Wachstums. Anders ist die Gefahr groß, daß wir uns den geistigen Fortschritt nur einbilden. Oder es kann sich Frustration über die ausbleibende »Erleuchtung« einstellen. Beides kann zu einer Desintegration der Persönlichkeit führen. Der hesychastische Eremit Theophanos hat diese Zusammenhänge unübertrefflich ausgedrückt:[100]

> *»Der sicherste Platz ist der, getreu auf seinem Platze zu verweilen und alles zu erfüllen, was dieser Platz erfordert. Jede Stufe des täglichen Lebens führt zur nächsten Stufe der Reife. Alles ist inneres Wachsen, das seine Zeit braucht. Im geistigen Leben ist es genauso wie in jedem Handwerk, jeder Kunst. Man kann nichts überspringen, nichts erraffen, was der inneren Reife nicht entspricht.«*

In diesem Prozeß des Werdens und Wachsens wird man entdekken, daß das Leben nicht sinnlos ist. Jedes Ereignis hat vielmehr eine tiefere Bedeutung: Wir werden unterstützt und geleitet auf unserem geistigen Weg. Oft können wir dies nicht gleich so sehen, vor allem wenn wir in einem Leidensprozeß stehen. Dann denken wir, das Schicksal sei blind, sehen das Leben als grausam an und erklären Gott für tot. Nicht selten ergibt sich ein sinnvoller Zusammenhang erst aus einer Rückschau:

> *»Ein Mensch sieht in die Zeit zurück*
> *und sieht: Sein Unglück war sein Glück.«*
> *(Eugen Roth)*

Die höhere Realität, das Leben selbst möchte uns etwas lehren und »spielt uns einen Ball zu«. Aber wir schauen weg. Erst wenn wir lernen, den Ball aufzunehmen, werden wir reif und fähig, wertvolle Mitspieler im großen kosmischen Spiel abzugeben:

> *»Solang du Selbstgeworfnes fängst, ist alles*
> *Geschicklichkeit und läßlicher Gewinn –;*
> *erst wenn du plötzlich Fänger wirst des Balles,*
> *den eine ewige Mitspielerin*
> *dir zuwarf, deiner Mitte, in genau*
> *gekonntem Schwung, in einem jener Bögen*
> *aus Gottes großem Brückenbau:*
> *erst dann ist Fangen-können ein Vermögen, -*
> *nicht deines, einer Welt.«*
> *(R. M. Rilke)*

Lebenssituationen anzunehmen und das Beste aus ihnen zu machen ist der schnellste Weg für geistiges Wachstum. Meditation und Yoga dürfen nicht als spirituell verbrämte Mittel der Weltflucht mißbraucht werden. Die Hilfen, die durch diese Wege bereitgestellt werden, müssen auf die Bewältigung des eigenen Lebens bezogen werden. Dann wird man auch erkennen, daß sich mit der geistigen Reife die Aufgaben ändern. Denn der Prozeß des Lebens versorgt uns ständig *gerade mit den Ereignissen, die wir für unser geistiges Wachstum brauchen*.

Wir können also zusammenfassend feststellen: *Pratyahara* (Abstraktion) kann nicht »gemacht« werden. Diese Stufe stellt einen Einschnitt dar. Wir müssen die Fähigkeit der Sinnenkontrolle erst entwickeln, indem wir die vorhergehenden Glieder des achtstufigen Pfades üben. In ein Bild gebracht: Wenn wir von außen auf das Dach eines Hauses steigen wollen, benützen wir eine Leiter. Nur ein Narr würde versuchen zu springen. Die Glieder des achtstufigen Pfades sind wie die Sprossen einer Leiter; sie führen uns Schritt für Schritt höher. Ein Yoga-»Schüler«, der seine Sinne noch nicht kontrollieren kann, weil Körper, Psyche und Denken nicht vorbereitet sind, muß daher den achtstufigen Pfad von unten her beschreiten. Wollte er die ersten Stufen auslassen, wäre dies, als wollte er vom Boden aus mit einem Satz auf das Dach gelangen. Es wird deshalb gesagt: Erst wenn Psyche und Nervensystem gereinigt sind, können die höheren Stufen des Yoga mit Erfolg betreten werden.[101]

Die oberen Glieder – Abstufungen höchster Konzentration

Konzentration (Dharana), Meditation (Dhyana), Unio mystica (Samadhi)

Die an Abstraktion (*Pratyahara*) anschließenden Stufen sind Konzentration (*Dharana*), Meditation (*Dhyana*) und *Unio mystica* oder reine Schau (*Samadhi*). Diese drei Glieder gehören zusammen. Sie werden von Patanjali als *Samyama* bezeichnet, was soviel heißt wie Gedankenbeherrschung (*sam* »zusammen«; *yama* »Kontrolle«, »Beherrschung«). Es handelt sich hierbei um verschiedene Intensitätsstufen geistiger Sammlung.

Zunächst definiert Patanjali den Vorgang der Konzentration (*Dharana*):[102]

> *»Konzentration ist die Festlegung der Aufmerksamkeit auf ein Objekt« (Yoga-Sutra III/1).*

Hier wird kurz und prägnant das Wesen von Konzentration schlechthin umrissen.
Denn jede Sammlung erfolgt in drei Schritten:

1. Entschluß, sich zu konzentrieren;
2. Auswahl eines (bestimmten) Objekts;
3. Konzentration auf den gewählten Gegenstand.

Die Definition gilt für die Konzentration beim Lesen eines Buches genauso wie für die beim Autofahren. Aber Patanjali hat eine andere *Qualität* der Aufmerksamkeit im Auge. Dies ergibt sich schon aus der Stellung der Sutra. Die lange Vorbereitung für diese Übung – sie stellt die sechste Stufe im achtstufigen Pfad dar – zeigt, daß es sich hier nicht um eine gewöhnliche Form der Konzentration handeln kann. *Dharana* wird zusammen mit *Meditation* und *Samadhi* abgehandelt, welche sehr hohe Bewußtseinsstufen anzeigen und einen hohen Grad an psychischer Reinheit voraussetzen. Die Wortwahl in der Sutra läßt aber auch erkennen, daß dieser Form der Konzentration eine festere Entschlußkraft zugrunde liegt als die, welche gewöhnlich aufgebracht wird beziehungsweise aufgebracht werden kann. Konzentration (*Dharana*) – als Stufe 6 des achtstufigen Pfades – ist deshalb die *entschlossene Sammlung der Aufmerksamkeit auf ein Objekt durch eine Person, die durch die Yoga-Praxis eine gewisse Geistesstärke und psychische Reinheit erlangt hat.*

Hieran schließt sich dann die Meditation (*Dhyana*) an.[103] Gemeint ist, aus dem *Vorgang* der Konzentration *kann* sich der *Zustand* der Meditation ergeben. Letzterer tritt ein, wenn die Konzentration nicht mehr abreißt und ein *»ununterbrochener Strom der Aufmerksamkeit für den Konzentrationsgegenstand aufrechterhalten wird« (Yoga-Sutra III/2).*

Die Kommentare bedienen sich zur Illustration gern des Bildes vom Umfüllen von Öl. Gießt man Öl von einem Behälter in einen anderen, so entsteht ein ruhiger, geschmeidiger Strom, der sich von einem Gefäß zum anderen aufbaut. Während die *Konzentration* aus einem aktiven Tun besteht, tritt in der *Meditation* die Bemühung zurück und beschränkt sich auf die Aufrechterhaltung des mentalen Stromes zwischen Objekt und Betrachter.

Samadhi (reine Schau, *Unio mystica*) tritt ein, wenn – im Verlaufe des Konzentrationsprozesses – Objekt und Betrachter mental verschmelzen. Möglich wird dies erst, wenn jedes Ich-Bewußtsein geschwunden ist. Nur so kann der Betrachter das Objekt ganz in sich aufnehmen und geistig zum Objekt werden. Er sieht dann die Welt aus der Sicht des Objekts. Sofern dies ein Lebewesen ist, fühlt er wie es.

Wir wollen versuchen, diesen Vorgang am Beispiel eines Gesprächs mit einem anderen Menschen zu erläutern. Wenn wir uns in dem Gespräch konzentrieren, uns selbst so vergessen, daß wir ganz in der Situation des anderen aufgehen, so werden wir fähig die Welt aus der Perspektive des Gesprächspartners zu erkennen. Wir fühlen wie er, verstehen seine Gedanken und Reaktionen. Wir sind dann »entrückt« in den Gegenstand unserer Betrachtung, so daß wir ganz zum anderen wurden. Der Betrachter ist an die Stelle des Betrachteten getreten.

Wenn das Objekt der Sammlung Gott ist, so kann eine Entrückung in den Bezirk des Göttlichen stattfinden. Dieser Punkt ist schwer zu verstehen. Damit ist nicht gemeint, daß der Mensch dann zu (einem) Gott geworden ist. Aber Gott ist in diesem Menschen lebendig geworden. Er hat sein Bewußtsein erleuchtet und in Besitz genommen. Dieser Mensch (Mystiker, Yogi) handelt in diesem Zustand nicht mehr nach seinem eigenen Willen, sondern nach Gottes Willen. Wir kennen auch aus dem christlichen Bereich zahlreiche Aussagen, die dies bezeugen.
So schreibt Paulus:

> *»Nun lebe nicht mehr ich,*
> *sondern Christus lebt in mir« (Gal. 2,20).*

Und Angelus Silesius reimt:[104]

> *»Soll ich mein letztes End' und ersten Anfang finden,*
> *so muß ich mich in Gott und Gott in mir ergründen*
> *und werden das, was er: Ich muß ein Schein im Schein,*
> *ich muß ein Wort im Wort, ein Gott im Gotte sein.«*

Samadhi ist ein Ereignis, das *geschieht.* Der Yoga-Übende hat hierauf keinen (direkten) Einfluß. Er kann sich läutern, kann sich ausstrecken, aber er kann das Einheitserlebnis nicht ergreifen und herbeiziehen. Er wird vielmehr von dem Zustand erfaßt, das erste Mal vielleicht überrascht. Man könnte – um ein Bild zu gebrauchen – sagen, die ersten sieben Stufen (Glieder) des achtstufigen Pfades dienen dazu, um aus dem Menschen eine Schale zu machen. Auf der achten Stufe wird in die Schale etwas hineingelegt. Da diese Stufe nicht in der Hand des Übenden liegt, ist *Samadhi* ein Geschenk.

Das Wesen des achtgliedrigen Pfades läßt sich mit einem Satz von Augustinus zusammenfassen:[105]

> *»Zuerst hat der Mensch die Aufgabe, wieder (ganz) er selbst zu werden, damit er dadurch in sich gleichsam ein Trittbrett schafft, von dort sich erhebt und emporgetragen wird zu Gott.«*

Überwindung des Ichs

Die Aussage, man müsse sein Ich überwinden, führt immer wieder zu Irritationen. Es bestehen Vorbehalte, weil man befürchtet, daß eine Ich-Überwindung zur Aufgabe oder Auflösung der Persönlichkeit führe. Diese Vorstellungen sind unbegründet. Die Transzendierung des Ichs erfolgt als natürliche Folge einer integrierten, reifen Persönlichkeit, die sich weiterentwickeln möchte.

Der Mensch hat sein Ich-Bewußtsein im Verlauf einer langen Entwicklungsgeschichte erworben. In vorgeschichtlicher Zeit war der Mensch instinktgeleitet und ohne Ich-Sinn. Das heute vorherrschende Bewußtsein des Menschen ist nur ein Durchgangsstadium auf dem Weg zu einem erweiterten Bewußtsein,[106] bei dem die Grenzen des Ichs überwunden sind. Ziel der Evolution ist der Erwerb einer Bewußtseinsstufe, die man mit *Überbewußtsein* bezeichnen kann.[107] Nur so kann man die Transzendenz, die ja das Überschreiten (Transzendierung) des Ichs voraussetzt, erkennen und aus dem Ich-Sein in das göttliche Sein treten.

Rufen wir uns noch einmal die Worte Gerhard Tersteegens in Erinnerung:

Laß dieses Ich untergehen
und sei Du allein alles in allem.
Führe so mich ganz aus mir selbst
und aus dem Meinen heraus in Dich,
o mein Gott, mein Ursprung und mein Ende.
So bin ich nicht mehr im Schein, sondern im Wesen,
von allem Übel erlöst und frei ...«

In Abbildung 15 wird versucht, diesen Zusammenhang in eine Systematik zu bringen:

Bewußtseinsstufe	Ich-Sinn	Charakterisierung
Überbewußtsein	nein	Gotterkenntnis, kosmisches Bewußtsein, Schau der Wirklichkeit, Inspiration, Liebe, Frieden, Weisheit;
Normal-bewußtsein	ja	normales Wachbewußtsein: denken, fühlen, handeln;
Unbewußtes	nein	nicht bewußte Wünsche, Triebe, Ängste

Abb. 15: Bewußtseinsstufen

Yoga im Christentum

Ist Yoga eine Religion?

Viele Menschen wenden sich heute von der Kirche ab, weil sie dort nicht mehr das finden, was sie suchen. Dagegen haben Meditations- und Yoga-Kurse Zulauf. Heißt das, daß die Menschen mit dem Christentum nichts mehr zu tun haben wollen und deshalb andere Wege suchen? Folgende Beobachtung ist in diesem Zusammenhang aufschlußreich: Nicht selten sind Teilnehmer eines Yoga-Kurses zu Beginn eher abwartend oder gar skeptisch. Es besteht die diffuse Vorstellung, Yoga sei eine Angelegenheit fernöstlicher Religionen, ein Kind des Hinduismus, das sich im Westen breitzumachen beginnt. So viel Gutes man dem Yoga zutraut, diese innere Reserve bleibt oft und mündet dann in Fragen wie: »Bringt mich der Yoga mit meinem christlichen Glauben in Konflikt?«; »Verliere ich meine abendländisch-christliche Verwurzelung?« oder gar: »Findet eine schleichende Konversion zum Hinduismus statt?«

Es ist fast paradox: Einerseits also besteht vielfach Unzufriedenheit mit der christlichen Religiosität in der Form, wie sie von den Kirchen heute weitergegeben wird. Andererseits ist bei der Suche nach neuer Spiritualität bei vielen Menschen deutlich zu spüren, daß sie nicht den Mutterboden des Christentums verlassen wollen. Steht also ein Verlust des christlichen Bezugsrahmens zu befürchten, wenn ein Christ Yoga praktiziert? Arbeiten die Kirchen gegen sich, wenn sie sich dem Yoga-Angebot öffnen?

Im Blick auf diese Fragen soll so vorgegangen werden, daß wir die Grundstrukturen des Yoga auf die christliche Glaubenspraxis spiegeln. Es wird sich dann zeigen, ob und wo die Yoga-Übungen mit der christlichen Lehre zu vereinbaren sind und dem praktizierenden Christen helfen können.

Einer solchen Untersuchung stehen viele Vorurteile im Wege. Insbesondere wird der Yoga von Teilen der evangelischen Kirche immer noch stark abgelehnt[1]. In den Gesprächen und Diskussionen mit evangelischen Theologen wird auch immer wieder eine Befürchtung laut, die an einen Grundpfeiler der Theologie Luthers rührt, nämlich daß Yoga Selbsterlösung sei.[2] Erfreulicherweise gibt es jedoch Tendenzen, diese Ablehnung zu hinterfragen und einer offeneren Begegnung das Wort zu reden.[3]

In der katholischen Kirche sind – so scheint es – die Vorbehalte von vornherein geringer.[4] Dies mag vor allem daran liegen, daß hier alte Traditionen gepflegt werden, die Ähnlichkeiten mit dem Yoga aufweisen. Zu nennen sind das Rosenkranzbeten, die Exerzitien des Ignatius von Loyola oder auch das »Bete-und-arbeite« der Benediktiner. Vielleicht ist deshalb die Berührungsangst, die zu einem großen Teil wohl Angst vor dem Unbekannten ist, hier kleiner.

Das Religöse am Yoga – Religion und Yoga

Wie wir gesehen haben, wird das Wort *Religion* auf das lateinische Verb *religare* zurückgeführt und bedeutet soviel wie »an Gott gebunden sein«. Nach Augustinus handelt es sich um das »*Wiederfinden von etwas Verlorenem*«.[5] Man kann also Religion als die Wiederverbindung mit dem Göttlichen ansehen, als die (erneute) Herstellung eines »direkten Drahtes« zu Gott. Darum geht es den großen Religionen, wenn man sie von ihrer eigentlichen Tiefe her betrachtet.[6] Die Bibel etwa ist durchsetzt von Gleichnissen und Hinweisen, daß der Mensch bei Gott war und zu ihm zurückkehren kann. Wir sehen dies etwa beim Gleichnis vom verlorenen Sohn (Lk. 15,11).

Auch im Yoga geht es um diese (Wieder-)Verbindung des Menschen mit Gott. Eine verbreitete Definition lautet:

> *Yoga ist die Vereinigung der Seele des Menschen mit Gott.*[7]

Damit ist Yoga religiöse Bemühung. Aber er ist keine Religion im herkömmlichen Sinne, der ein bestimmtes Bekenntnis und verbindliche äußere Formen zugrunde liegen. Es gibt weder ein heiliges Buch des Yoga noch einen Religionsstifter noch ein Dogma noch eine verfaßte Kirche mit Priestern und eingeschriebenen (getauften, eingeweihten) Mitgliedern. Es gibt auch keine Sakramente oder gar einen Missionsbefehl.

Yoga ist vielmehr die ernsthafte Bemühung um die (Wieder-)Vereinigung mit Gott, die Verwirklichung der »Gotteskindschaft«. Ziel ist die Erfahrung der göttlichen Realität, die Realisierung der transzendenten Ebene. Das Streben des Yoga-Übenden wird unterstützt durch Methoden, die die verschiedenen Yoga-Wege kennen und beschreiben. Er wird sich hierbei Übungskonzepten zuwenden, die seinem Naturell und seinen Fähigkeiten entsprechen. Die Übungen sind universell und nicht mit einer religiösen Doktrin gekoppelt. Der Indologe Erich Frauwallner stellt fest:[8]

> *Der Yoga ist »keine Lehre, sondern eine Methode, und kann als solche mit den verschiedensten Lehren in Verbindung treten.«*

Ähnlich äußert sich Hauer:[9]

> *»Vergleichen wir die verschiedenen Überlieferungen der einzelnen Schulen und Bereiche der Yogabewegung, so dürfen wir den Schluß ziehen, daß die Meditationen in der Tat eine freie Seelen- und Geistforschung ermöglichten. Denn hier ist nirgends die Festlegung auf ein vorgeschriebenes System zu entdecken. Alles ist in lebendigem Fluß, wenn auch selbstverständlich viele Grunderkenntnisse immer wieder dieselben sind, weil die zu erforschende Wirklichkeit dieselbe ist, ...«*

Traditionsgemäß wird daher der Yoga nicht nur im Hinduismus, sondern auch im Buddhismus und im Jainismus praktiziert.[10] Im Christentum sind es die Athosmönche, die typische Übungen des Yoga pflegen – auch wenn sie sich dessen vielleicht gar nicht bewußt sind. Wir können hier auf das Herzensgebet, das eine Mantra-Meditation ist, und auf bestimmte Techniken der Atemkontrolle zur Vertiefung des Gebets verweisen.[11]

Die »Verträglichkeit« des Yoga mit den verschiedenen Religionen und insbesondere auch mit dem Christentum wird erfreulicherweise immer mehr erkannt.[12] Nach Albrecht Frenz, einem evangelischen Theologen, der selbst seit Jahren Yoga praktiziert, ist es möglich

> *»den Yoga gleich dem Gebet in allen Religionen zu üben und zu pflegen. Wie das Gebet ist der Yoga eine Schale in der Hand des Menschen. Er kann diese Schale mit christlichem, islamischem, hinduistischem, philosophischem oder ideologischem Inhalt füllen.«*[13]

Und der Jesuit Rupert Lay kommt zu dem Ergebnis:[14]

> *»Fast ebenso verbreitet ist das Vorurteil, daß mit (den östlichen) Meditationstechniken weltanschauliche Inhalte verbunden seien, die nur für den Asiaten akzeptabel seien. Auch das ist falsch. Zwar sind alle diese Meditationstechniken auf religiöse Ziele ausgerichtet, aber solche Religiosität ..., ist völlig undogmatisch und hat nur das Ziel, ein menschliches Menschsein zu ermöglichen. ... Yoga hat nichts mit Passivität, erkenntnistheoretischem Idealismus, Fatalismus zu tun, sondern ist, ..., eine Anleitung zu geordneter Aktivität und Lebens- und Weltbeherrschung.«*

Es ist aufschlußreich, daß Christen, die den Yoga selbst üben und ihn deshalb auch seinem Wesen nach kennen, im allgemeinen keine theologischen Vorbehalte geltend machen. Die distanzierten Haltungen kommen vor allem von Menschen, die keine aus der Übung geborene Erfahrung besitzen.[15] Hier gilt Luthers Satz: »*Wer das Wesen einer Sache nicht kennt, der kann aus den Worten (allein) ihren Sinn nicht erfassen*«.[16]

Die Beobachtung zeigt, daß im Verlauf der Yoga-Praxis, die zu mehr Ruhe und innerer Erfahrung führt, das religiöse Empfinden wieder zunimmt, alte, verschüttete Quellen der eigenen Spiritualität wieder freigelegt werden und christliche Grundsätze ins Bewußtsein rücken. Statt einer Konversion zu einer fernöstlichen Religion kommt es vielmehr zu einer Neubelebung und einem vertieften Verständnis der eigenen geistigen Wurzeln. Die Menschen werden – allerdings auf eine völlig unverkrampfte und mündige Weise – wieder zum Christentum, ja sogar zur Kirche hingeführt. Der Verfasser ist deshalb überzeugt, daß die eigentliche Entdeckung des Yoga für die christliche Glaubenspraxis erst noch bevorsteht, vielleicht gerade begonnen hat. Diese Vermutung deckt sich mit Hauers prophetischen Worten:[17]

> *»So kehrt jene große Bewegung indogermanischen Geistes in einer Zeit schwerster innerer und äußerer Bedrängnis zu den Völkern zurück, die sich einstens in grauer Vorzeit von jenen nach Osten abziehenden Indogermanen getrennt hatten ...«*

Warum auch sollte der abendländische Mensch nicht von den Schätzen und Techniken des Yoga profitieren und sie für die umfassende Entwicklung seiner Persönlichkeit einsetzen?

Das Gottesbild im Yoga

> *»Der Weise treibe nach und nach,*
> *allmählich und zur rechten Zeit,*
> *einem geschickten Silberschmiede gleich,*
> *des eigenen Herzens Flecken aus.«*
> *(Buddha)*

Im Yoga geht es um die Schau Gottes, die Wiederverbindung mit der Transzendenz. Voraussetzung hierfür ist die Läuterung der Psyche und die allmähliche Entwicklung einer hohen geistigen Sammlung (Konzentration). Ein *bestimmtes* Gottesbild ist dem Yoga fremd. Obwohl in manchen Yoga-Wegen (nicht im klassischen Yoga) Bilder, Mythen und Symbole eine wichtige Rolle spielen, sollen sie auch dort überwunden werden. Denn man weiß, daß jede *Vorstellung* von Gott unvollständig sein muß. Jedes Bild von Gott ist letztlich ein menschliches, geprägt vom kulturellen Umfeld, der eigenen Erziehung, den Ideen, Wünschen und Erwartungen des Individuums. In solchen Gottesvorstellungen kommen Projektionen der eigenen Innenwelt zum Ausdruck. Goethe hat dies auf den Satz zugespitzt:

> »*Wie einer ist, so ist sein Gott.*«

In einer humorvollen Geschichte empfindet de Mello diesen Zusammenhang nach:[18]

> »*Ein Heiliger erhielt einst die Gabe, die Sprache der Ameisen sprechen zu können. Er wandte sich an eine, die genügend belesen erschien, und fragte: ›Wem ähnelt der Allmächtige? Gleicht er irgendwie einer Ameise?‹*
> *Sagte der Gelehrte: ›Der Allmächtige? Bestimmt nicht! Wir Ameisen, müßt Ihr wissen, haben nur einen Stachel. Aber der Allmächtige hat zwei!‹ …*
>
> *Auf die Frage, wie es im Himmel aussehe, antwortete der Ameisengelehrte feierlich: ›Dort werden wir sein wie Er, jeder wird zwei Stachel haben, nur kleinere.‹*
>
> *Zwischen Vertretern theologischer Schulen ist eine erbitterte Auseinandersetzung darüber im Gange, wo genau der zweite Stachel im himmlischen Körper der Ameise sich befinden wird.*«

Sehen wir in dieser Parabel unser Denken nicht wie in einem Spiegel? Der Realität Gottes stehen unsere Bilder im Weg. Die Bibel gebietet deshalb:

> »*Du sollst dir kein Bildnis machen*« (2. Mose 20,4).

Im Zen-Buddhismus gibt es das *Koan* (Meditationstext), das wie eine ketzerische Forderung klingt:

> »*Triffst du Buddha unterwegs, so töte ihn.*«

Dem Zen-Schüler soll damit eingeschärft werden, daß er, wenn ihm im Verlauf seiner geistigen Übungen Buddha – als Vorstellung, Vision, Traum – begegnet, sich nicht an das Bild verlieren darf. Mit einer solchen »Begegnung« können Zustände großen Glücksgefühls, intensiver Liebe, Geborgenheit verbunden sein. Dies zeigt dann zwar einen gewissen Fortschritt auf dem eigenen spirituellen Weg an. Aber es handelt sich immer noch um eine Illusion, eine Projektion des eigenen Innern.[19] »Gott an sich«, das transzendente Sein, kann besser mit Attributen als mit Bildern verständlich gemacht werden. Wahrheit, Liebe (1. Joh. 4,16), Gewißheit, Frieden, reines Sein, Glück (*Eudaimonia*), hohe Energie (Kraft) sind Begriffe, die stellvertretend für das Unbeschreibbare stehen könnten.

Die verschiedenen Traditionen des Yoga halten es mit der Gottesfrage unterschiedlich. Es gibt Wege mit theistischer Prägung und andere, die Gott als Wesenheit ablehnen. Trotzdem werden in den unterschiedlichen Schulen ähnliche Techniken eingesetzt. Denn im Wissen um die Entwicklungsfähigkeit des menschlichen Bewußtseins sind sich alle Ansätze einig. Daraus kann man ersehen, daß das Augenmerk im Yoga mehr auf den *Weg*, auf das Putzen an der verrußten Scheibe unseres Bewußtseins, gerichtet ist. Die Vorgabe einer festgelegten Gottesidee widerspricht dem Wesen des Yoga. Ihm geht es vielmehr darum, Zusammenhänge *im Menschen* aufzuzeigen, die einer höheren Erkenntnis im Wege stehen. Insofern steht das *Menschenbild* im Vordergrund – wie wir es für den klassischen Yoga mit den *Klesas* gesehen haben – anstelle eines Gottesbildes. Wenn der Mensch zur Harmonie mit sich selbst, zur Reifung und Läuterung seiner Person gekommen ist, löst sich die Frage nach Gott von selbst. Die Antwort ergibt sich dann aus der unmittelbaren Erfahrung des Absoluten. Shri Yogendra, ein bekannter Yogi unseres Jahrhunderts, gibt deshalb den Rat:[20]

> *»Ob es Gott gibt oder nicht – die Antwort soll der Yoga-Student selbst herausfinden.«*

Hieran kann man ermessen, wie freilassend die Methode des Yoga ist. Wir blicken auf jene Schale in der Hand des Übenden, die jeder mit seiner eigenen Weltanschauung und Religion füllen kann.

Auch wenn Gottesbilder von untergeordneter Bedeutung sind und eine Festlegung auf eine bestimmte Gottesidee dem Wesen des Yoga widerspricht, erscheint es nicht uninteressant, zu fragen, welche Gottesvorstellung dem Yoga des Patanjali zugrunde liegt.

Der klassische Yoga ist eines der sechs klassischen indischen Philosophie-Systeme. Er steht mit einem weiteren dieser sechs Denkansätze, dem *Samkhya*-System, in einer sehr engen Verbindung. Patanjali hat das, was er an Techniken und Methoden zusammengetragen und geordnet hat, an der *Samkhya*-Philosophie festgemacht.[21] Die *Samkhya*-Lehre ist die älteste Philosophie Indiens.[22] Ihr Alter reicht bis in die vorbuddhistische Zeit zurück. Denn auch Buddha nahm – ebenso wie Patanjali – Anleihe bei diesem System, um seine Lehre zu begründen.[23]

Die *Samkhya*-Philosophie ist aber aktuell geblieben. So weist Albert Schweitzer darauf hin, daß auch die Theosophen und Rudolf Steiner bei der Entwicklung ihrer Lehren auf die philosophischen Grundaussagen der *Samkhya*-Philosophie zurückgriffen.[24]

Yoga und *Samkhya* haben nicht ihre Wurzeln im Hinduismus, wie wir eingangs bereits gesehen haben, sondern standen lange Zeit in Opposition zur vedisch-brahmanischen Ordnung. Sie waren – wie der Buddhismus und Jainismus – Gegenströmungen beziehungsweise Untergrundbewegungen zum Hinduismus, die sich dem Kastenwesen und dem Klerus widersetzten.[25] Noch ca. 800 n. Chr. verwirft Sankara, der große Lehrer des Hinduismus und Begründer der Vedanta-Philosophie, das *Samkhya*-System als schriftwidrig und den Veden widersprechend.[26]

Die Divergenz zwischen Hinduismus einerseits und *Samkhya*-Philosophie andererseits zeigt sich in ganzer Deutlichkeit an der Kosmologie. Der Göttervielfalt des Hinduismus wird ein Denkkonzept gegenübergestellt, das ohne Gott auskommt und – wie der Buddhismus – letztlich atheistisch ist. *Samkhya* heißt Zahl. Das System teilt das Sein in 25 Kategorien (*tattvas*) ein, denen ein dualistisches Weltbild zugrunde liegt.[27] Der Materie (*Prakrti*) steht das rein Geistige (*Purusa*, wörtlich: »der Mensch an sich«) gegenüber; beide sind ewig. Damit gibt es keinen Uranfang durch einen Schöpfungsakt und keinen Schöpfergott. Die Urmaterie (*Prakrti*) ist stets wandelbar und gebärt die verschiedenen Erscheinungsformen des Lebens aus sich heraus.

Die *Samkhya*-Philosophie stellt ein abgeschlossenes System dar, das in der indischen Geistesgeschichte einen hervorragenden Platz einnimmt. Albert Schweitzer schwärmt:[28]

> *»Die Samkhya-Lehre ist eine großartige Leistung. Selten ist in dem Denken der Menschheit ein theoretisches Problem so klar erkannt worden; selten wurde eine Lösung mit solchem Scharfsinn unternommen und durchgeführt.«*

Das Yoga-Sutra dagegen will vor allem eine Sammlung von Übungen sein,[29] die zum besseren Verständnis mit der Samkhya-Philosophie unterlegt wurde, um die Methoden zusammenzubinden und zu erläutern. Insofern ist die Lebensgemeinschaft eher zufällig und wohl darauf zurückzuführen, daß diese Denkweise zu Zeiten Patanjalis weit verbreitet war. Denn es gibt andere Quellenwerke des Yoga, die auf anderen geistigen Grundlagen aufbauen. So knüpft etwa die *Yoga-Vasistha* an der (theistischen) *Vedanta*-Philosophie an.[30]

In einem Punkt weicht jedoch Patanjali von der *Samkhya*-Philosophie ab: Das Yoga-Sutra geht von der Existenz Gottes aus. Gott (*Isvara* »Gott der Herr«) stellt – wie wir gesehen haben – im Übungsdreiklang des *Kriya-Yoga* einen wichtigen Bezugspunkt im Rahmen des *Isvarapranidhana* (Hingabe an Gott) dar. Aber die Gottesvorstellung ist nicht weiter konkretisiert und bleibt völlig freilassend. Der Yoga-Übende ist nicht nur frei, sein eigenes Gottesbild zu verwenden; er wird sogar darauf verwiesen, weil Patanjali ein solches nicht anbietet.

Überhaupt bleibt die Aufnahme der (spärlichen) Hinweise auf Gott in das durch die Samkhya-Philosophie geprägte System des klassischen Yoga unorganisch. Der Indologe Garbe faßte dies zu Beginn unseres Jahrhunderts wie folgt zusammen:[31]

> *»Sämmtliche Samkhya-Anschauungen von principieller Bedeutung, mit Ausnahme der Gottesleugnung, sind in das Yoga-System übergegangen, und die Einführung eines persönlichen Gottes ... ist ... in ganz lockerer äusserlicher Weise vorgenommen worden, ohne dass dadurch der Inhalt und das Ziel dieser Philosophie irgendwie verändert wurde. Man kann geradezu sagen, daß die Yogasutra's I.23-27, II.1,45, die von Gott handeln, ausser Zusammenhang mit den übrigen Theilen des Lehrbuchs stehen, ...«*

Wir können also festhalten: Der klassische Yoga »kennt« Gott; er geht von einem persönlichen Gott (*Isvara*) aus. Die Gottesvorstellung bleibt jedoch offen; sie ist jedenfalls nicht an eine bestimmte Religion geknüpft. Dadurch wird es möglich – bei der Übungseinheit des *Kriya-Yoga* sogar nötig –, das Gottesbild der eigenen Religion in die Yoga-Praxis mit hineinzunehmen.

Gott – außen oder innen

In diesem Zusammenhang wollen wir einem weitverbreiteten Vorurteil nachgehen. Immer wieder wird die Meinung vertreten, zwischen Yoga und Christentum bestehe insofern ein Unterschied, als letzteres bei der Gottesbeziehung von einem »Ich-Du-Verhältnis« ausgehe. Beim Yoga dagegen sei die Verschmelzung, das Aufgehen in der Transzendenz entscheidend. Diese Betrachtung ist zu oberflächlich; sie berücksichtigt weder die eigene (christliche) Tradition ausreichend noch bringt sie das notwendige Verständnis für den Yoga mit.

Auch im klassischen Yoga nähert sich der Übende Gott zunächst dialogisch. Wir haben dies bei der Besprechung des *Kriya-Yoga* gesehen. Hingabe an Gott war dort ein wesentliches Element der Yoga-Praxis. Eine solche Hingabe geht aber notwendigerweise von einer »Ich-Du-Beziehung« aus. Der Mensch hat am Anfang auch gar keine andere Möglichkeit, sich Gott zu nähern. Solange das menschliche Bewußtsein an der »Subjekt-Objekt-Spaltung« leidet, kann es nicht anders, als dem eigenen Ich ein Nicht-Ich (oder Du) entgegenzusetzen.

Allerdings ändert sich dies im Verlauf der spirituellen Praxis. Es gehört – wie wir gesehen haben[32] – zum Wesen jeder Sammlung, daß sich der Übende mental immer mehr dem Objekt seiner Konzentration annähert. Dadurch wird die Trennung in Subjekt (Ich) und Objekt (Du) aufgehoben.[33] Im entscheidenden mystischen Stadium erlebt sich der Mensch nicht mehr von Gott losgelöst, sondern erfährt die beglückende Einheit mit ihm (*Unio mystica*). Teresa von Avila bringt diese Erfahrung in ein Bild:[34]

> *»Es gibt keine Trennung mehr, denn immer bleibt die Seele mit ihrem Gott in jeder Mitte ... Die Vereinigung gleicht zwei Wachskerzen, die man so dicht aneinanderhält, daß beider Flammen ein einziges Licht bildet ...«*

Und Meister Eckhart führt aus:[35]

> *»Gott und ich, wir sind eins. Durch das Erkennen nehme ich Gott in mich hinein, durch die Liebe hingegen gehe ich in Gott ein.«*

Die Aussage, daß im Christentum und im Yoga die Gottesbegegnung anders geartet sei, hat damit keine Substanz.[36] Der Grund für das Mißverständnis liegt darin, daß man unterschiedliche Phasen (Stufen) des geistigen Weges miteinander vergleicht. Solange der Mensch in seinem Ego lebt, im »Käfig des Ichs gefangen«, kann eine Annäherung an die Transzendenz nur in einem Gegenüber, in einer Subjekt-Objekt-Beziehung erfolgen. Dies ist aber nur die erste Phase des spirituellen Prozesses. Ramakrishna hat einmal sinngemäß gesagt:[37]

> *Zuerst sucht der Mensch Gott oben,*
> *dann sucht er ihn innen,*
> *wenn er ihn gefunden hat, sieht er ihn überall.*[38]

Behauptungen, der Mensch könne sich – aus christlicher Sicht – Gott *nur* im Dialog nähern, sind durch die christlichen Mystiker eindrucksvoll widerlegt. Sie würden im übrigen der christlichen Religiosität ein Armutszeugnis ausstellen. Denn letztlich bedeutete ein solches Postulat auch, daß die Praxis des Christentums nicht über die erste Stufe hinausführen könnte. Im Thomas-Evangelium heißt es aber:

»Wenn ihr zwei zu eins macht und wenn ihr den inneren Teil wie den äußeren Teil und den äußeren Teil wie den inneren Teil und den oberen Teil wie den unteren Teil (macht) und wo ihr das Männliche und das Weibliche zu einem einzigen macht, ... dann werdet ihr hineinkommen (in das Reich)« (Abs.22).[39]

Yoga und Christentum – Ziele und Praxis

Die Ziele

Wie wir gesehen haben, geht es im Yoga um die Überwindung der *Klesas* (»Leidbringer«). Denn diese Mängel und Verwerfungen unserer psychischen und geistigen Ausstattung trennen uns von der Transzendenz. Der Abbau der *Klesas* führt zu höherer Erkenntnisfähigkeit, zur allmählichen Schau der Wahrheit, zur schrittweisen Herstellung der Verbindung mit dem Seinsgrund (mit Gott), zur *Unio mystica*. Damit ist ausgesagt:

Yoga ist Mystik![40]

Jedenfalls gilt dies für den klassischen Yoga.[41] Wie der Mystiker will der Yogi die »Welt« überwinden. Sein Ziel ist, frei zu werden von ihren Fesseln. Er will eine innere Loslösung von den Attraktionen der Materie erreichen. Sein Bestreben ist es, mehr und mehr im Geistigen, in Gott, im absoluten Sein verankert zu werden. Der terminus technicus im Yoga hierfür ist – wir sahen dies bereits – *Kaivalya* (Yoga-Sutra III/54) oder absolutes Losgelöstsein. Und wir stellten fest, daß dies auch das Licht ist, zu dem hin die christlichen Mystiker unterwegs waren.[42]

Die zentrale Aussage christlichen Denkens ist das Liebesgebot (Mt. 5,43-44). Diese Forderung Christi an seine Jünger und Anhänger erschöpft sich jedoch nicht in ihrer sozialen, karitativen Dimension. Primär – »Trachtet zuerst nach dem Reich Gottes ...« (Mt. 6,33) – ging es Christus um die Beschreibung eines spirituellen Weges, der die abgerissene Verbindung zum Göttlichen wiederherstellen kann. Das Ziel dieses geistigen Strebens ist die Schau Gottes beziehungsweise die Verbindung, das Einswerden mit Gott (Christus). Deutlich wird dies etwa in der Bergpredigt, wenn dort eine Seligpreisung lautet:

»Selig sind, die reinen Herzens sind;
denn sie werden Gott schauen« (Mt. 5,8).

Ähnliches lesen wir bei Johannes:

> *»Ihr werdet den Himmel offen sehen ...« (Jh. 1,51).*

Und Paulus schreibt:

> *»Nun lebe nicht mehr ich, sondern Christus lebt in mir« (Gal.2,20).*

Diese Aussagen belegen, daß es auch im Christentum um die Realisierung der Transzendenz, um die unmittelbare Erfahrung des Göttlichen, des »Numinosen«, geht.

Die radikalen Appelle Jesu illustrieren, daß es bei der Nachfolge Christi um eine Überwindung der konventionellen Welt geht. Dies zeigen etwa die Forderungen an den reichen Jüngling: *»Willst du vollkommen sein, so geh hin, verkaufe, was du hast, und gib's den Armen, dann wirst du einen Schatz im Himmel haben; und komm und folge mir nach!« (Mt. 19,21).* Sichtbar wird dies auch bei der Ermahnung eines Jüngers, der seinen Vater begraben wollte: *»Folge du mir und laß die Toten ihre Toten begraben!« (Mt. 8,22).*

Dies ist kein *Ausstieg*, kein Davonlaufen. Es ist vielmehr ein *Durchstieg*, ein allmähliches Sichablösen (Abnabeln) von der Welt der sozialen Verhaltensregeln, der Eltern-Kind-Beziehungen, der Abhängigkeiten von Besitz, Ehre und weltlicher Macht. Das Ziel ist, frei zu werden für Gott, die Schau der Transzendenz. In einem Text der Ostkirche heißt es:[43]

> *»Wer in ungeteilter Aufmerksamkeit in immerwährendem Gebet verharrt, sein Herz reinigt und sich damit im unaussprechlich hehren, allen Verstand und Gefühl überragenden LICHT löst, schaut Gott wie in einem Spiegel in sich.«*

Wir können somit festhalten: Yoga und Christentum gemeinsam ist das Wissen, daß der Mensch göttlichen Ursprungs ist und daß er sich dieser göttlichen Heimat wieder nähern und sie schließlich »schauen« kann. Im mystischen Einheitserlebnis, im Yoga *Samadhi* genannt, erfüllt sich das Wort »Religion« in seiner tiefsten Bedeutung: Es kommt zu einer Wiederverbindung mit dem Göttlichen.

Die Praxis

Da wir zu dem Ergebnis gekommen sind, daß Yoga und (spirituelles) Christentum das gleiche Ziel haben, drängt sich die Frage auf, ob nicht auch die Methoden Ähnlichkeiten zeigen. Zwar dürfte diese Frage nicht von entscheidendem Gewicht sein, wenn es um Yoga-Praxis im Christentum geht. Denn wenn sich die Ziele entsprechen, dann sollte man nicht eventuelle Unterschiede in den Wegen problematisieren. Man kann einen Berg von verschiedenen Seiten besteigen.[44] Am Gipfel treffen sich die Pfade und die Aussicht ist für alle gleich. Nur wenn man den *Weg* höher einstufte als das *Ziel*, könnte man Vorbehalte geltend machen.

Dennoch macht es einen gewissen Reiz aus, zu fragen, ob nicht auch die Wege, mit denen Yoga und spirituelles Christentum das (letztlich gemeinsame) Ziel zu erreichen versuchen, Entsprechungen aufweisen. Es könnte ja sein, daß sich die Methoden nur in ihrem äußeren Erscheinungsbild unterscheiden. Vielleicht stellt sich bei näherer Betrachtung heraus, daß auch die Wegführung der beiden Traditionen ganz ähnlich ist. Wir wollen dieser Frage im folgenden kurz nachspüren.

Ein Vergleich steht vor folgendem Problem: Es gibt sowohl auf seiten des Christentums als auch auf seiten des Yoga eine Fülle unterschiedlicher Wege und Schulen. Aber wir können diese auf der Seite des Christentums zusammenfassen: Die zentrale Botschaft ist hier das Doppelgebot der Liebe. Die Forderung Christi, Gott zu lieben und unseren Nächsten wie uns selbst, kann als die Essenz christlichen Bemühens aufgefaßt werden. Auch die zahlreichen Yoga-Richtungen treffen sich in einem Punkt. Denn wie wir gesehen haben, liegt ein vollständiges Yoga-System nur vor, wenn es zur Überwindung der *Klesas* führt.

An dieser Stelle soll unsere Betrachtung ansetzen. Wenn auch der christliche Weg zu einer Arbeit an den *Klesas* führte, so bestünde zwischen ihm und den Yoga-Wegen keine strukturelle Verschiedenheit. Ja, die christliche Praxis wäre dann – aus der Sicht und in der Definition der Yoga-Tradition – ebenfalls eine Form des Yoga.

Rufen wir uns noch einmal die *Klesas* in Erinnerung. Nach Patanjali sind die fünf Ursachen der Gottferne und des Leides:[45] Nichtwissen (*Avidya*), Ichhaftigkeit (*Asmita*), Wünsche (*Raga*), Aversionen (*Dvesa*) und Angst vor dem Tod bzw. Hängen am Leben (*Abhinivesa*).

Bedeutet nicht der Aufruf Christi, unseren Nächsten (einschließlich unserer Feinde) zu lieben, daß wir damit unserer alten Natur, unseren *Klesas* zu Leibe rücken? Wir wollen dies einmal nachprüfen.

Betrachten wir als erstes das Klesa Nichtwissen (*Avidya*). Bei Johannes heißt es: »*Gott ist die Liebe*« (1. Joh. 4,8). Und es steht weiter geschrieben: »*Wer nicht liebt, der kennt Gott nicht*«. Der große Weise Südindiens, Ramana Maharshi, sagte einmal: »*Güte, Gott, Liebe – das ist alles das gleiche.*«[46] Das heißt, jeder

Schritt zu mehr Liebesfähigkeit hin ist ein Schritt auf Gott zu. Liebe und Gotteserkenntnis gehen also Hand in Hand. Nichtwissen im Yoga heißt ja Nichterkenntnis Gottes. Damit bedeutet die Arbeit am Klesa *Nichterkenntnis* die Erfüllung der Liebesforderung.

Wie verhält es sich mit dem zweiten Klesa *Ichhaftigkeit* (*Asmita*)? Liebe kann man als Streben nach Einssein auffassen. Denn jemand, der liebt, möchte dem geliebten Objekt nahe sein – körperlich, emotional, geistig. Dies ist nichts anderes als die Überwindung des Subjekt-Objekt-Dualismus und Ich-Überwindung.

Deutlich wird dies auch beim Gebot der Feindesliebe. Es kann nur jemand unser Feind sein, wenn er anders denkt oder handelt als wir. Dieses Anderssein ist ein Problem, das mit dem Ich verbunden ist. Mit dem Schwinden des Ichs verringern sich die feindseligen Gefühle, weil man imstande ist, den anderen anzunehmen und zu verstehen. Bemerkenswert ist in diesem Zusammenhang, wie sich die Ausstrahlung unserer Propheten, Märtyrer und Heiligen sowie fortgeschrittener Yogis auf ein feindliches Umfeld gleichen. In der Bibel steht, wie Daniel in die Löwengrube geworfen, aber von den Tieren nicht angegriffen wurde (Dan. 6,16-23). In vielen Legenden wird erzählt, daß wilde Tiere in der Anwesenheit von Heiligen zahm wurden. Im Yoga-Sutra wird das gleiche ausgesagt. Dort heißt es von einem Menschen, der die Gewaltfreiheit in sich vollkommen entwickelt hat (Sutra II/35): »*Jede Feindseligkeit wird in seiner Nähe aufgegeben*«.

Die Forderungen Christi »*Schlägt Dir jemand auf die rechte Backe, so biete ihm auch die andere dar!*« *(Mt. 5, 39)* und »*Wenn Dich jemand nötigt, eine Meile mitzugehen, so gehe mit ihm zwei!*« *(Mt. 5,41)* sind nichts anderes als Kampfansagen an unseren Ichbezug, an das Klesa *Asmita*.

Mit den ersten beiden »Leidbringern« wird auch den übrigen drei *Klesas* der Boden entzogen. Ein Mensch, dessen Erkenntnisfähigkeit wächst und der sein Ich überwindet, baut Wünsche (*Raga*) und Aversionen (*Dvesa*) ab und wird frei von seinen Ängsten (*Abhinivesa*). Im Hohenlied der Liebe (1. Kor. 13) wird dies in flammenden Worten ausgedrückt:

> »*Die Liebe ... sucht nicht das Ihre;*
> *sie erträgt alles, sie glaubt alles,*
> *sie hofft alles, sie duldet alles.*«

Wo das Ich im Feuer der Liebe geschmolzen ist, da schwinden auch Wunsch und Aversion.

Das fünfte Klesa, Angst vor dem Tod oder Hängen am Leben (*Abhinivesa*), ist die Folge unseres »Daseinsdurstes«. Solange wir nicht fähig sind, hinter das bunte Treiben des Lebens zu schauen, schlägt es uns in seinen Bann. Mit der Erkenntnis der Transzendenz verliert die »Welt« ihre Anziehungskraft auf uns. Wir erkennen ihre Vergänglichkeit und das damit verbundene Leiden. Christus sagt: *»In der Welt habt ihr Angst; aber seid getrost, ich habe die Welt überwunden«* (Joh. 16,33). In dem Maße also, in dem wir uns Gott zuwenden und uns damit von der Welt emanzipieren, werden wir von unseren Ängsten befreit. Denn die Angst vor dem Tod steht hinter all den anderen unserer großen und kleinen Ängste.

Es zeigt sich also, daß die Methoden des Yoga mit dem christlichen Glauben verwandt sind. Der Yogi bewegt sich in die gleiche Richtung wie der Christ. Könnte man nicht – wenn man einmal von Kirche und Bekenntnis absieht – zugespitzt sogar sagen: Der ernsthafte Yogi ist – unausgesprochen – Christ und der ernsthafte Christ Yogi? Hat sich nicht auch Augustinus in gewisser Weise von Ritus und Kirche frei gemacht, wenn er feststellt:[47]

> *»Das, was man jetzt christliche Religion nennt, bestand auch bei den Alten und war von Anbeginn des Menschengeschlechts vorhanden; seit der Menschwerdung Christi begann man die wahre Religion, die es schon (immer)[48] gab, als christlich zu bezeichnen.«*

Die Parallele zwischen Yoga und der christlichen Glaubenspraxis, die wir soeben herauszuarbeiten versuchten, findet eine geradezu buchstäbliche Stütze in einem Satz Christi. Bei Matthäus heißt es:

> *»Nehmt auf euch mein Joch …; so werdet ihr Ruhe finden für euere Seele« (Mt. 11,29).*

Im griechischen Urtext steht für Joch »*zygón*«. Diese beiden Begriffe und das altindische Wort »*yuga*« entsprechen sich nicht nur etymologisch Laut für Laut, sondern haben auch die gleiche Bedeutung.[49] Yoga ist der zugehörige Tätigkeitsbegriff und bezeichnet die Handlung des Anjochens, Anschirrens, Verbindens.[50] Es mag auf den ersten Blick überraschend klingen, aber etymologisch wäre auch folgende Ableitung möglich und korrekt:[51]

> *»Nehmt auf euch meinen Yoga!«* oder *»Übt meinen Yoga!«*

Erscheint damit dieser Satz nicht in einem neuen Licht: Nehmt auf euch meinen persönlichen, von mir gelehrten und vorgelebten (Yoga-)Weg, auf dem ihr Ruhe findet für euere Seele und auf dem ihr euch mit Gott wiederverbinden könnt?

Selbst wenn man sich mit einer solchen Übersetzung nicht anfreunden kann, eines wird aus ihr deutlich: Auch das Christentum enthält eine ausgeprägte Übungskomponente. Es ist nicht nur eine *Lehre*, sondern auch – und vor allem – ein *Weg*.[52]

Wir wollen uns nach diesen Gedanken einer ganz praktischen Fragestellung zuwenden: Wie kann uns Yoga bei unserem täglichen Christsein helfen?

Yoga als Hilfe für christliche Spiritualität

Bevor wir uns der Beantwortung dieser Frage zuwenden, wollen wir uns einmal bewußtmachen, welche Wirkungen (»Früchte«) die Yoga-Übungen zeitigen können. Im einzelnen können genannt werden:

- Verbesserung der Konzentration;
- Entspannung;
- Hingabefähigkeit;
- Tiefenerfahrung;
- Selbstdisziplin;
- Aufbau von Lebenskraft und Lebensfreude;
- Ganzwerdung; körperlich-seelische Gesundung;
- innere Sicherheit und psychische Stärke.

Diese Resultate wollen wir unter drei zentralen Aspekten christlicher Frömmigkeit betrachten:

1. Gebet
2. Glaube
3. Liebe (Nächstenliebe und Gottesliebe)

Yoga als Hilfe beim Gebet

Es gibt ein Yoga-Buch einer betont christlichen Yoga-Praktikerin mit dem Titel: »*Yoga – Beten mit Körper, Seele, und Geist*«.[53] Dort wird Yoga als ganzheitliches Gebet aufgefaßt. Uns soll es hier nicht darum gehen, *Asanas* an die Stelle des Gebets zu setzen, auch wenn es bei Paulus heißt:

»... preist Gott mit eurem Leibe« (1. Kor. 6,20).

Wir wollen auch nicht das Gebet durch die Meditation ersetzen. Vielmehr soll untersucht werden, wie der Yoga bei der traditionellen Form des Betens helfen kann.

Jörg Zink schreibt in seinem Buch »Wie wir beten können«:[54]

»Ehe wir an hintergründige Glaubensprobleme geraten, werden wir beim Versuch zu beten mit ganz vordergründigen Schwierigkeiten zu tun haben. Wir werden merken, wieviel Mühe es kostet, auch nur drei Minuten lang bei einer Sache zu bleiben, ohne an zehn andere Dinge zu denken, also ganz einfach: die Gedanken zu beherrschen ...«

Fehlende Gedankenkontrolle ist also ein Gebetshindernis. Um Konzentrationsprobleme geht es auch Thomas von Kempen, wenn er in seiner »Nachfolge Christi« – dem nach der Bibel meistverbreiteten Buch der Weltliteratur[55] – bittet:[56]

»Verzeihe mir und vergib mir barmherzig,
daß ich so oft im Gebet an etwas anderes denke als an Dich ....
Oft bin ich nicht dort, wo ich dem Körper nach bin oder sitze, sondern dort, wohin mich die Gedanken tragen.« ...

Sind *wir* uns dieser Konzentrationsprobleme auch bewußt? Ist Beten nicht häufig ein Zeitabsitzen mit gefalteten Händen? Nachdem Yoga ein Weg zu besserer Konzentration ist, kann er der Vorbereitung auf das Beten dienen.

Das Gebet selbst ist dem Yoga nicht wesensfremd. Es spielt vielmehr auch in ihm eine wichtige Rolle. Zunächst einmal gibt es Yoga-Wege, die als zentrale Übung das Gebet beinhalten. Zu nennen sind hier *Japa*- und *Mantra*-Yoga. Bei der Murmelmeditation des *Japa*-Yoga werden flüsternd unaufhörlich Gebete rezitiert. Der Übergang zum *Mantra*-Yoga ist fließend. Bei diesem Yoga-Weg werden Klangsilben oder Worte oder ganze Verszeilen wiederholt, die einen harmonisierenden, reinigenden Effekt auf die Psyche und das Denken haben. Dies kann laut, leise, nur mit den Lippen oder völlig schweigend – »mit dem Herzen« – geschehen. Mit diesen Wegen eng verwandt ist das Herzensgebet der Ostkirche[57] oder das Rosenkranzbeten in der Tradition der katholischen Kirche.

Doch wir wollen beim klassischen Yoga bleiben. Auch dort begegnet uns das Gebet. Wir erinnern uns an die Übungen des *Svadhyaya* (Studium spiritueller Schriften) und des *Isvarapranidhana* (Hingabe an Gott den Herrn). Diese Yoga-Glieder haben wir beim *Kriya*-Yoga kennengelernt.[58] *Svadhyaya* kann sich für den Christen in Bibellese oder dem Bedenken der täglichen Losungen konkretisieren.

Eine christliche Ausprägung der Übung »Hingabe an Gott« (*Isvarapranidhana*) begegnet uns im Vaterunser, wo Christus bittet: »Dein Wille geschehe«.

Zwar wird sich im Verlauf der Yoga-Praxis die Form des Gebets ändern. An die Stelle des Bittgebets wird verstärkt das Still-werden-vor-Gott treten. Eigenes Reden und Wollen werden allmählich überwunden und weichen einem Hinhören auf Gott. Schließlich werden sich Gebet und Meditation nicht mehr trennen lassen; beide Praktiken verschmelzen auf einer höheren Stufe.[59]

Hören wir die Wegbeschreibung Sören Kierkegaards:[60]

> »*Als mein Gebet immer andächtiger und innerlicher wurde, da hatte ich immer weniger und weniger zu sagen. Zuletzt wurde ich ganz still.*
>
> *Ich wurde, was womöglich noch ein größerer Gegensatz zum Reden ist, ich wurde ein Hörer.*
>
> *Ich meinte erst, Beten sei Reden. Ich lernte aber, daß Beten nicht bloß Schweigen ist, sondern Hören.*
>
> *So ist es: Beten heißt nicht, sich selbst reden hören, beten heißt still werden und still sein und warten, bis der Betende Gott hört.*«

Yoga will nichts anderes als den Menschen zu einem Hörenden zu machen. Yoga ist Vorbereitung für die vollkommene geistliche Empfänglichkeit.[61] In diesem befriedeten und offenen Bewußtsein kann es dann zu einer Begegnung mit Gott kommen. Wir werden des Absoluten gewahr. Dies ist der letzte Akt in der Glaubenspraxis des Betens.

Vorstufe hierzu ist die Fähigkeit zum Stillsein und zur Sammlung (Konzentration). Aber intensive Konzentration ist nur einem Menschen mit Lebensfreude und Lebenskraft möglich. Ein zerrissener, ausgeleerter Mensch tut sich schwer.
Wir können diesen Zusammenhang als Stufenweg darstellen:

Abb. 16: Vorstufen der »Gottesschau«

Yoga als Glaubenshilfe

In der lutherischen Kirche ist der Glaube von besonderer Bedeutung. *Sola fide, allein durch den Glauben*, postulierte Luther in seiner Rechtfertigungslehre. Kann uns Yoga hierbei helfen?

Glaube und Vertrauen sind Zwillinge. Ein Mensch, der kein Vertrauen hat, sondern von Zweifeln, Mißtrauen, Angst und Unsicherheit gequält wird, kann nicht wirklich (tief) glauben. Kinder haben oft noch ein tiefes, tragfähiges Vertrauen. Um Glauben zu können, müssen wir wieder ein solches Urvertrauen zurückgewinnen. Christus sagt deshalb auch:

> *»Laß die Kinder zu mir kommen ...; denn Menschen wie ihnen gehört das Reich Gottes« (Lk. 18,16).*

Dieses Vertrauen kann nicht vom »Kopf« her erzwungen werden. Glaube entsteht im »Herzen«. Pascal schreibt:[62]

> *»Es ist das Herz, das Gott spürt, und nicht die Vernunft. Das ist der Glaube: Gott spürbar im Herzen und nicht in der Vernunft.«*

Je mehr Religion in abstrakten Begriffen und Dogmen geschieht, je stärker die Theologie verwissenschaftlicht und »verkopft« und somit ausschließlich auf der kognitiven Ebene stattfindet, um so weniger steht sie im Dienst einer echten Glaubenserfahrung. Gerhard Tersteegen drückte dies so aus:[63]

> *»Ein begriffener Gott ist kein Gott.«*

Wir müssen immer daran denken, daß Vertrauen und Glaube mehr sind als abstrakte Gedanken (oder gar dogmatische Bausteine): Sie bestehen aus einer starken *Gefühls-* und *Gewahrseins*komponente! Damit soll jedoch keiner romantischen »Glaubensschwärmerei« das Wort geredet werden. Vertrauen und Glaube haben viel mit Erkenntnis und Inspiration zu tun, aber wenig mit logischen Schlußfolgerungen und formelhafter Begrifflichkeit. Echte Glaubenserfahrung kann deshalb nur stattfinden, wenn der Mensch nicht nur auf *einer* Ebene lebt. Sie setzt die Integration der verschiedenen Ebenen des menschlichen Wesens voraus. Der Theologe Erwin Haberer trat deshalb dafür ein, die kognitive Ebene in eine Ganzheit einzubringen:[64]

> *»Der Mensch ist aber nicht ein Wesen, das nur aus Verstand besteht. Er will und muß als ganzer Mensch angeredet werden. Frömmigkeit hat auch in der christlichen Tradition mit der Ganzheit des Menschen zu tun.«*

Gerade um die Ganzwerdung des Menschen geht es aber im Yoga: um die Integration der körperlichen, psychischen, kognitiven, sozialen und geistig-spirituellen Ebenen zu einem gesunden, ganzen, heilen Menschenwesen.

Glaube hat viel mit Loslassen zu tun. Der indische Weise Ramana Maharshi sagte einmal:

> *»Wir verhalten uns wie Fahrgäste in einem Zug, die ihr Gepäck festhalten, statt es in die Gepäckablage zu legen«.*

Ist uns nicht ständig unser Ich-Sinn im Weg? Denken wir nicht immer, wir selbst müssen die »Show schmeißen«? Das fatale Ergebnis ist, daß wir einen größeren, uns führenden und helfenden Lebenszusammenhang nicht wahrhaben können. Glaube ist somit ein lebenslanger Prozeß. Und wir müssen uns ständig und engagiert darum bemühen. Hierzu eine kleine Geschichte:

> *Es war einmal ein tüchtiger Unternehmer. Sein Unternehmen galt ihm alles. Aber die Frage, was wird nach dem Tode sein, beschäftigte ihn dennoch. Da las er eines Tages, daß, wenn er in der Stunde des Todes ganz sein Denken auf Gott richten würde, ihn dieser erlösen könnte. Dies beruhigte ihn. Um sicher zu gehen, taufte er seine vier Söhne auf Namen, die ihn an Gott erinnern würden. Den ersten taufte er Gottlieb, den anderen Fürchtegott usw.. Denn er dachte, wenn ich sterbe, wird wenigstens ein Sohn bei mir sein und sein Name wird mich an Gott denken lassen. Durch das lebendige Vorbild ihres Vaters wurden auch die Söhne, nachdem sie herangewachsen waren, tüchtige Unternehmer im väterlichen Betrieb. Als nun die Todesstunde des Vaters herannahte, ließ er seine Söhne zu sich holen. Doch als er sie nun alle kommen sah, rief er aus: »Was fällt euch denn ein, alle auf einmal zu kommen und unsere Firma im Stich zu lassen!«*

Die Geschichte soll zeigen, daß Glaube nicht bloß ein einmaliger Entschluß oder ein kognitiver Akt ist, etwa nach dem Motto: »Du mußt *nur* glauben, dann wirst du erlöst«! Glauben erfährt man nur – von auserwählten Menschen abgesehen –, wenn man allmählich und systematisch sein Wesen ändert. Denn unsere ganze Natur ist auf Festhalten programmiert. Wir vertrauen unserem kleinen Ego viel mehr als dem großen Sein, Gott. Kyrilla Spiecker beschreibt diesen Prozeß mit folgenden Zeilen:[65]

> *»Greifen und festhalten kann ich seit der Geburt.*
> *Teilen und schenken mußte ich lernen.*
> *Jetzt übe ich das Lassen.«*

Deshalb setzen auch die Yoga-Übungen auf den verschiedenen Ebenen unseres Seins an. Radikal, auf allen Ebenen lernen wir das Lassen: seien es die Körperübungen, die uns Hingabefähigkeit entwickeln helfen statt »hartnäckig« zu bleiben, oder sei es die Entspannung, die uns für eine gewisse Zeit die Last des Tages abschultern läßt. In den *Pranayamas* sind wir imstande, emotional loszulassen. Und in der Meditation werden wir aus Redenden zu Hörenden. Wir merken, wie wenig wir im Grunde brauchen, um glücklich zu sein: eine Decke und den Boden. Wir brauchen nicht einmal einen Stuhl. In diesen Stunden können wir auf Fernsehen, ein großes Auto und andere Surrogate und Illusionen des Glücks verzichten. Wir können spüren, daß wir geborgen, angenommen und Teil eines größeren Ganzen sind.

Natürlich geht dies alles nicht von heute auf morgen. Aber die Yoga-Praxis führt uns allmählich in diese Richtung. In ihrem Gefolge entsteht Glauben an Gott, auch wenn wir uns dessen vielleicht gar nicht bewußt sind. Dies kann jeder Yoga-Praktizierende bestätigen. Unlängst äußerte ein Student, der seit etwa zwei Jahren Yoga praktizierte:

> *»Vor zwei Jahren war ich stolzer Atheist. Jetzt merke ich, wie dieses Gebäude überall wackelt.«*

Ganz natürlich löst sich das Dilemma der lutherischen Theologie. Einerseits soll der Mensch *glauben*. Doch andererseits *zweifeln* die Menschen. Sie sind das Zentrum ihrer eigenen Welt. Die Einheit der Wirklichkeit wird im Laufe der Yoga-Praxis erfahrbar. Die Egozentrik wird aufgehoben. Glauben muß nicht mehr herbeigeredet oder gar herbeigezwungen werden, er ist einfach *da*.

Glaube ist in jedem Menschen vorhanden. Es gibt nicht zwei Klassen von Menschen: eine solche, die glauben kann, und eine solche, die es nicht kann. *Jeder* Mensch glaubt an etwas. So glauben viele Menschen, daß ihnen Geld hilft, und sie tun alles dafür, es zu erwerben. Andere erwählen sich ein Maskottchen (etwa im Sport). Dann gibt es Autofahrer, die denken, daß ein Hufeisen auf dem Kühlergrill vor Unfallschaden bewahrt. Auch Amulette und andere Talismane sind verbreitet. Ein solch materialistisch geprägter Glaube wird im Laufe der Yoga-Praxis abgelöst durch das Vertrauen in das Absolute, in Gott.

Übungen, die mit dem Schließen der Augen zu tun haben, Ruhe, die uns öffnet für den Atem Gottes, Entspannung, die uns loslassen läßt, führen allmählich zu einem Herauswachsen aus der Sinnlichkeit und hin zu tieferer Glaubenserfahrung. Die materiellen Objekte werden in ihrer Vergänglichkeit wahrgenommen. Wir sehen, wieviel Schweiß und Schmerz mit ihnen oft verbunden sind, erstens bis man sie besitzt, zweitens um sie zu erhalten und drittens, wenn wir sie verlieren. Daraus entsteht eine Tendenz, sich unvergänglicheren Werten zuzuwenden. Wir machen uns auf, den »Schatz im Himmel« zu suchen, der nicht von Motten, Rost oder der geplanten Veraltung (*planned obsolescence*) angegriffen wird.

Glaube muß also wachsen. Wir Menschen sind heute vielleicht weniger denn je imstande, unser Denken auf langfristige Ziele zu richten. Glaubenspraxis muß auf den einzelnen Menschen abgestimmt sein und dort beginnen, wo dieser steht. Die Yoga-Techniken sind so abgestuft, daß die unteren Glieder keinen Glauben an Gott voraussetzen. Die Menschen werden sogar noch bei dem heute verbreiteten »Ware-gegen-Geld-Denken« (cash & carry) abgeholt. Die *Asanas*, die *Pranayamas*, das Sitzen im Schweigen, die Entspannung, sie führen sofort zu wohltuenden Wirkungen und können nach jedem Yoga-Abend »nach Hause getragen werden«. Im Laufe der Zeit aber wächst diesen Menschen etwas zu. Die Yoga-Übenden ahnen, daß das Leben kein Chaos ist. Sie spüren, daß sie von einer höheren Wirklichkeit geführt werden und geborgen sind (z. B. in der Entspannungsübung, wo der Boden als tragendes Element erfahren wird, dem man sich hingeben kann).

Man wird gewahr, wie das Festhalten an materiellem Besitz oder beruflichen oder familiären Erwartungen zu Spannungen und Zeitproblemen führt, wie man Ruhe und Lebensqualität verliert. So lernt man das Loslassen. Man blickt und spürt über den Tellerrand der eigenen Psyche hinaus, löst sich von der Nabelschau der eigenen Probleme und ist imstande, das große Ganze, die Tiefe des Seins zu empfinden.

Übrigens spielen auch im klassischen Yoga Glaube und Vertrauen (*Sraddha*) eine wichtige Rolle. Der alte Kommentar des Vyasa drückt dies in einem schönen Vergleich aus:[66]

> *»Sraddha (also tiefes Vertrauen/Glaube) erhält den Yogi, wie eine liebende Mutter (ihr Kind).«*

Der Glaube wird als Mittel angesehen, um zu tiefster Gedankenruhe und höchster Erkenntnis (*Asamprajnat-Samadhi*) zu kommen (Yoga-Sutra I/20). Eine ganz ähnliche Vorstellung findet sich bei dem großen Philosophen und Theologen des 11. Jahrhunderts, Anselm von Canterbury, dem »Vater der Scholastik«. Sein Kernsatz lautete:

> *»Ich glaube, um erkennen zu können (credo ut intellegam).«*

Yoga und Liebe

Jeder Christ kennt die beiden Liebesgebote der Bibel:

1. *»Du sollst den Herrn, deinen Gott, lieben mit ganzem Herzen, mit ganzer Seele und mit all deinem Verstand«* (5. Mose 6,5)
2. *»Du sollst deinen Nächsten lieben wie dich selbst«* (3. Mose 19,18)

Christus setzt diese beiden Gebote gleich (Mt. 22,39). Denn wahre Gottesliebe führt auch zur Nächstenliebe. Man kann nicht den Schöpfer lieben und seinen Geschöpfen gegenüber gleichgültig bleiben.

Es kann jedoch auch vermutet werden, daß hier Christus nicht nur die innere Identität dieser Forderungen betonen wollte, sondern als geistiger Führer spricht und auf zwei nicht unerhebliche Probleme der Gottsuche hinweisen möchte: das rechte Maß zu finden und der Gefahr einer Selbsttäuschung zu erliegen. Denn einerseits kann verkniffenes, einseitig asketisch ausgerichtetes spirituelles Streben zu einer Verhärtung und Gefühllosigkeit führen. Andererseits kann eine abgehobene, »über den Wolken schwebende« Gottsuche an der inneren und äußeren Realität des Christen vorbeigehen: Den Kopf zu sehr »himmelwärts« gerichtet, verliert man leicht den Blick für die richtige Perspektive des eigenen Lebens. Und es kann geschehen, daß man, wie der griechische Philosoph Thales, der beim Beobachten der Sterne in den Brunnen fiel, die naheliegenden Aufgaben und Bewährungsproben nicht erkennt. Vielleicht möchte man sie auch gar nicht sehen und verdrängt sie deshalb. Dadurch ist die Gefahr groß, auch auf dem spirituellen Weg zu straucheln. Ein Lehrsatz spiritueller Suche lautet:

> *»Man fällt nicht über den Gipfel am Ziel, man stolpert über die Steine auf dem Weg.«*

Das Gebot der Nächstenliebe wirkt solchen Fehlhaltungen und der damit auch verbundenen Gefahr der Selbsttäuschung entgegen. Denn es ist leicht gesagt »Ich liebe Gott«. Wer will das nicht? Das Verhältnis zu unseren Menschen zeigt uns aber, wo wir auf unserem spirituellen Weg stehen und verhindert »Wolkenkuckucksheime«.[67] Da Liebe unteilbar ist, stellt die Fähigkeit, andere Menschen annehmen zu können, mit ihnen mitzufühlen, sie zu verstehen, eine Möglichkeit dar, unseren geistigen Fortschritt zu messen und zu überprüfen. Je mehr wir Nächstenliebe entwickeln, um so größer wird unsere Liebesfähigkeit ganz allgemein und deshalb auch die Fähigkeit, Gott zu lieben.

Im folgenden soll die These vertreten werden: Yoga-Praxis bedeutet, dem Doppelgebot der Liebe gemäß leben zu können. Yoga ist ein Prozeß, ein Weg, der zu einer solchen Liebesfähigkeit hinführen kann.

Bedingungen der Liebesfähigkeit

Wie wir gesehen haben, führt Yoga zu Konzentration, Disziplin, Losgelöstheit und Ganzheit. Diese Eigenschaften sind unabdingbare Voraussetzungen für die Fähigkeit zu lieben. Wenn wir unsere Gedanken nicht kontrollieren können, stehen wir vor dem fatalen Problem, daß sie uns nicht gehorchen. Wenn wir in eine Situation kommen, wo wir einem Menschen mit Liebe begegnen wollen (oder sollten), »streikt« womöglich unser Inneres. Uns schießen vielleicht ganz andere Gedanken und Gefühle durch den Kopf: »Ich hab jetzt keine Zeit«; »Mir fehlt die Kraft«. An die Stelle von Liebe treten unkontrolliert andere, negative Gefühle (etwa Ungeduld, Antipathie, auch Besserwisserei usw.). Unser durchaus ehrlicher und ernst gemeinter Vorsatz, die Gebote Christi umzusetzen, wird durch unsere alte Natur durchkreuzt.

Oft sind wir auch hervorragende Schauspieler und mimen die Rolle der christlichen Nächstenliebe. Der andere merkt dann gar nichts von unseren andersgearteten inneren Regungen. Wir spielen ihm ein Theater vor. Nicht selten identifizieren wir uns so mit der Rolle, daß wir unser wirkliches Wesen gar nicht mehr wahrnehmen (wollen) und unsere negativen Tendenzen in das Unbewußte abschieben. Aber die verdrängten Inhalte unserer Psyche (wie Wünsche, Ärger, Ungeduld usw.) sind weiterhin vorhanden und treiben ihr Unwesen in uns. Sie besuchen uns im Schlaf (als Alpträume), stehen hinter unseren Unsicherheiten, rauben uns Kraft.

Erich Fromm weist in seinem Werk »Die Kunst des Liebens« auf den Zusammenhang von Konzentration und Liebe hin. Als weitere Voraussetzungen für die Liebesfähigkeit nennt er Disziplin, Geduld und unbedingtes Interesse.[68]

Konzentration hängt untrennbar mit diesen zuletzt genannten Fähigkeiten zusammen. Ohne Disziplin, ohne Geduld und ohne wirkliches Interesse (am Objekt der Aufmerksamkeit) ist eine geistige Sammlung nicht möglich. Wir können sie deshalb der Übersichtlichkeit halber als Bestandteile der Konzentrationsfähigkeit betrachten. Voraussetzungen hierfür sind aber – wie wir bereits gesehen haben – Lebensfreude und Lebenskraft.[69] Damit ergibt sich nun folgende Stufenfolge:

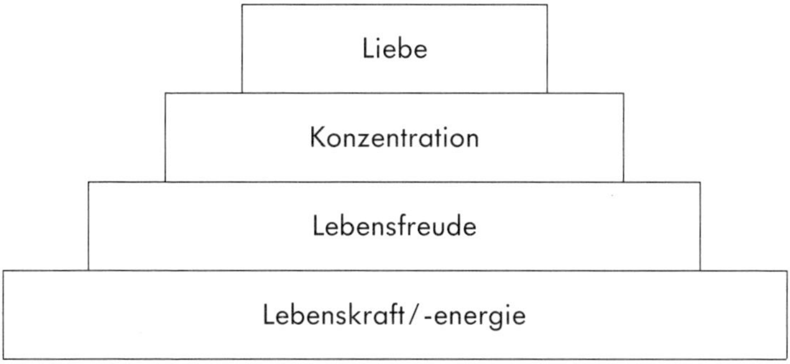

Abb. 17: Vorstufen der Liebe

Wir hatten in Abbildung 16 als oberste Stufe die »Gottesschau«. Hier finden wir statt dessen die Liebe. Ein Vergleich der beiden Bilder führt uns wieder zur Gleichsetzung: »*Wer nicht liebt, der kennt Gott nicht; denn Gott ist die Liebe*« *(1. Joh. 4,8)*.

Kehren wir noch einmal zu Erich Fromm zurück. Denn er ist es auch, der darauf hinweist, daß Liebe nur möglich ist, wenn der Mensch sich selbst angenommen hat, sich selbst lieben kann.[70] Diese Selbstannahme geschieht im Yoga. Wir lernen es, nicht mehr vor uns wegzulaufen. Wir beginnen, mit uns selbst besser zurechtzukommen und auch die dunklen Seiten in uns anzunehmen. Liebe ist eine Frucht, die in einem Menschen heranreift, der sich auf dem Weg zu einer solchen Integration und Ganzwerdung seiner Persönlichkeit befindet.

Nachstehende Zeilen des Schweizer Psychoanalytikers Medard Boss mögen dies verdeutlichen. Boss unternahm mehrere Studienreisen nach Indien und beschreibt diese in seinem Buch »Indienfahrt eines Psychiaters«. Das Ergebnis seiner Forschungen faßt er, wie folgt, zusammen:[71]

> *Den indischen Weisen jedoch scheint das Wunder einer wahrhaften und vollkommenen Befreiung vom Bösen wirklich zu gelingen. Ich mußte zu der Überzeugung kommen, daß es bei ihnen überhaupt nichts Böses, Begehrliches, Zerstörerisches, Angstvolles, Schuldhaftes, Dunkles mehr wissentlich zu zügeln oder unwissentlich in der Verdrängung zu halten gibt. So sehr ich das wache Leben der Heiligen beobachtete, so bereitwillig sie mir Auskunft über ihre Träume gaben, ich vermochte bei den Besten von ihnen weder die Spur einer selbstsüchtigen Handlung, noch irgendwelche verdrängte oder wissentlich geheim gehaltene Schattenseiten zu entdecken. Es war mir, als bestünden sie aus reiner*

Liebe, die schon längst alles Hassen und Begehren in ihnen getilgt hat.«

Diese Menschen müssen sich um Liebe nicht mehr bemühen; sie ist vielmehr Teil ihres Wesens geworden und strömt aus ihnen heraus. Eine solche Liebesfähigkeit ist nicht teilbar. Sie umfaßt Gott, den Mitmenschen und andere Lebewesen. Von der großen Tierliebe dieser Menschen haben wir bereits in der Geschichte vom Yogi und dem Skorpion gehört.[72] Das folgende Gedicht vermag einen Eindruck von ihrer Gottesliebe zu geben:[73]

»Mein Herz, wie kannst du danach trachten,
das Wesen Gottes zu ergründen?
Irrst wie ein Narr umher,
den man in einen dunklen Raum gesperrt!
Ekstatische Liebe ist's, die ihn erfaßt;
Wie kannst du ohne sie ihn je ermessen? …
Im Elixier der Liebe nur erfreut er sich, mein Herz.
In Freude, die nie endet, wohnt er im Innersten des Menschen.
Und diese Liebe ist's, um derentwillen je und je
die mächtigen Yogis ihre Übungen vollziehen.
Wenn Liebe erst erwacht, dann zieht wie
ein Magnet der Herr die Seele zu sich hin.«

Diese hohe Liebesfähigkeit reift erst im Verlauf eines langen (Übungs-)Weges. Sie kann nicht »aus dem Stand« erbracht werden. Die Menschen heute sind hiermit vielfach überfordert. Ihr psychischer Zustand kann weithin nicht als gut bezeichnet werden: Streß, Angst und Sinnentleerung sind Zeiterscheinungen. Die Symptome sind bekannt: steigende Scheidungsraten, Syndrom des Ausbrennens/Ausgebranntseins (*burnout*), Drogenabhängigkeit, Alkoholismus, Zunahme der Gewalt. Die Aufzählung könnte man fortsetzen.

Hier findet der Liebesappell einen schlechten Nährboden vor. Die Forderung »*Du sollst deinen Nächsten lieben wie dich selbst*« erreicht diese Menschen nicht oder nur ihre Oberfläche. Ihnen fehlt einfach die Kraft, sich anderen zuzuwenden. Sie haben mit sich selbst genug zu tun.

Dies gilt auch für religiös gesinnte Menschen, die von ihrer Einstellung her das Liebesgebot bejahen und es leben wollen. Die Fähigkeit zu christlicher Nächstenliebe hängt mit der Ganzheit der Persönlichkeit zusammen. Solange Körper und Psyche nicht im Gleichgewicht und intakt sind, muß der Versuch zu lieben Stückwerk bleiben. Es reicht nicht aus, sich dies mit dem Verstand vorzunehmen. Solange ein solcher Vorsatz nicht von der Leistungsfähigkeit des Körpers und der Psyche mitgetragen werden kann, ist die Gefahr groß, daß ein solches Vorhaben zu Spannungen, Verzweiflung und Minderwertigkeitsgefühlen führt und in Neurosen und Depressionen endet.

Solchen Menschen muß vorher auf andere Weise geholfen werden. Bei ihnen muß der Boden erst vorbereitet werden, etwa durch Entspannung, Entwicklung eines positiven Körpergefühls,[74] Energieaufbau, psychotherapeutische Hilfestellungen. Wenn der persönliche Heilungs- und Integrationsprozeß vorangekommen, die Seele gestärkt, der Körper revitalisiert ist, so wachsen auf diesem Acker die christlichen Tugenden Glaube, Hoffnung und Liebe.

Wahre Liebe ist etwas Göttliches (»Gott ist die Liebe«). Diese höchste Liebe erreichen wir erst dann, wenn wir zu unserem innersten Bezirk vorgedrungen sind. Auf dem göttlichen Seelengrund, der spirituellen Ebene, wird uns diese Fähigkeit geschenkt. Hier werden Nächstenliebe und Gottesliebe identisch. Wenn wir unsere eigenen Fehler und Schwächen angenommen haben und durch sie hindurchgegangen sind, sehen auch bei unseren Mitmenschen durch ihre Defekte und Defizite hindurch und gewahren ihren göttlichen Kern. Meister Eckhart drückte dies so aus:[74]

> *»Hast du dich selbst lieb, so hast du alle Menschen lieb wie dich selbst. Solange du einen einzigen Menschen weniger lieb hast als dich selbst, so hast du dich selbst nie wahrhaft lieb gewonnen, ...«. Wenn man sich und alle Menschen gleichermaßen liebhat, so liebt man »in einem Menschen alle Menschen: Und dieser Mensch ist Gott und Mensch.«*

Dieser Bereich des Göttlichen im Menschen ist in Teresa von Avilas »innerer Burg« die siebte Wohnung. Sie beschreibt den Zustand der Menschen, die auf ihrem geistigen Weg bis dahin vorgedrungen sind:[76]

> *»... und sie fühlen einen viel tieferen Frieden ..., ohne gegen jene, die ihnen Böses tun oder Böses zufügen wollen, irgendeine Feindschaft zu hegen. Sie fassen vielmehr eine besondere Liebe zu ihnen, und wenn sie dieselben in einer Bedrängnis sehen, empfinden sie ein tiefes Mitleid und würden alles auf sich nehmen, um sie davon zu befreien.«*

Wir müssen erkennen, daß das Liebesgebot Christi eine sehr hohe Forderung ist. Viele Menschen können sie aufgrund ihres gegenwärtigen Zustandes nicht unmittelbar erfüllen. Liebe in der Intensität, wie sie Christus einfordert, setzt eine integrierte (heile) Persönlichkeitsstruktur voraus. Eine Psyche, die von Ängsten gequält wird, die verzweifelt und in eigene Probleme verstrickt ist, kann sich anderen Menschen nicht wirklich öffnen und vorbehaltlos zuwenden. Es ist ihr nicht möglich, Nächstenliebe in dem dargestellten Ausmaß zu empfinden: Das Dunkle ist so tief, die Bewußtseinsfenster sind so verkrustet, daß kaum ein Lichtstrahl nach innen dringt.

Dessenungeachtet stellt Christus radikale Forderungen. Es wurde bereits auf den Dialog mit dem reichen Jüngling (Mt. 19,16-22) und auf die Aussage über den Ernst der Nachfolge (Mt. 8,18-22) hingewiesen. An einer anderen Stelle lesen wir:

> *»Wer Vater oder Mutter mehr liebt als mich,*
> *der ist meiner nicht wert;*
> *und wer Sohn oder Tochter mehr liebt als mich,*
> *der ist meiner nicht wert«* (Mt. 10,37).

Wir können diese Ermahnungen nicht verdrängen oder aufweichen. Der Theologe Dietrich Bonhoeffer warnt vor der »billigen Gnade«.[77] Aber wer von uns ist denn wirklich bereit, alles hinter sich zu lassen, Besitz, die Meinung der Gesellschaft, die familiären Beziehungen usw., um sich ganz auf das spirituelle Abenteuer einzulassen? Es handelt sich hier doch ganz offenbar um Ansprüche, die nur von ganz reifen, entwickelten, heilen Personen erfüllt werden können.

Wenn dem so ist, so stehen wir an einem interessanten Punkt unserer Gegenüberstellung von klassischem Yoga und Christentum: Wir können eine geradezu frappierende Parallele feststellen. Bei der Erläuterung des klassischen Yoga lernten wir fünf »Schülerklassen« kennen, denen unterschiedliche Übungswege zugeordnet wurden.[78] Die Übungspraxis ist unterschiedlich angelegt, um die Menschen, die sich um ihre Reife und Ganzheit bemühen, nicht zu überfordern. Wenn wir uns die Einteilung nochmals vergegenwärtigen (vgl. Abbildung 5),[79] so läßt sich ablesen, daß für die oberen drei »Schülerklassen« Übungen vorgesehen sind, die den hohen Anforderungen Christi entsprechen.

Dabei wurde den Menschen, die als am weitesten fortgeschritten gelten (Gruppe IV und V), eine zweiteilige Übungs-Praxis zugeordnet: Inständige Bemühung um innere Losgelöstheit und Zuwendung zum Göttlich-Geistigen (*Abhyasa und*

(Para-)Vairagya). Gerade dies ist es doch, was Christus anmahnt und was wir soeben gehört haben. Auf die Frage der Jünger nach dem wichtigsten Gebot antwortet er mit dem Liebesappell:

> *»Du sollst den Herren, deinen Gott, lieben mit ganzem Herzen, mit ganzer Seele und mit all deinem Verstand«*
>
> *(Mt. 22,37)*

Dabei sind Gottes- und Nächstenliebe untrennbar miteinander verbunden. Hier gilt – wie wir gesehen haben – im Yoga nichts anderes als im Christentum.

Demgegenüber bekommen die »Schüler« der dritten Gruppe den dreiteiligen *Kriya*-Yoga zugewiesen. Auch mit ihm haben wir einen Weg vor uns, der der christlichen Botschaft entspricht: Seelenstärke (*Tapas*) können wir beispielsweise von Hiob lernen oder sehen sie auch bei Christus im Garten Getsemani. Aber auch in zahlreichen anderen biblischen Texten wird ein solches Stehvermögen gefordert. Ein Studium geistiger Texte (*Svadhyaya*), das zweite Glied des *Kriya*-Yoga, stellt in der christlichen Frömmigkeit die Bibellese dar. Die Hingabe an Gott den Herrn (*Isvarapranidhana*) schließlich, wie sie hier im klassischen Yoga geübt werden soll, hat in der jüdisch-christlichen Religionstradition einen so hohen Stellenwert, daß sie bei den Zehn Geboten an erster Stelle genannt wird.

Der *Kriya*-Yoga ist erforderlich, weil die Menschen, die ihn anwenden, sich auf ihrem spirituellen Weg noch schwerer tun. Anders als die »Schüler« der oberen beiden »Klassen« war es ihnen noch nicht vergönnt, die Erfahrung der Transzendenz (*Unio mystica, Samadhi*) zu machen. Sie brauchen noch den Halt der Schriften, müssen weiter innere Stärke entwickeln und Vertrauen aufbauen. Aber sie sind andererseits intensivem spirituellen Studium gegenüber aufgeschlossen. Und sie sind imstande, das Wissen, das in den Texten steht, als zu verwirklichende Wahrheit zu erkennen. Sie sind nicht mehr zu sehr im Materiellen verstrickt und in ihrer Psyche zerrissen. Dies unterscheidet sie von den unteren »Schülerklassen«, denen noch mit anderen Übungen geholfen werden muß.

Wenn unsere Analyse richtig ist, so läßt dies eine bedenkenswerte Folgerung zu; sie mündet letztlich in eine Handlungsaufforderung an die Entscheidungsträger in den Kirchen:[80] Wenn für zahlreiche Menschen die Forderung Christi nach Gottes- und Nächstenliebe zu »hoch angesetzt« ist, dann muß diesen Menschen *vorher* mit anderen Mitteln geholfen werden. Ihnen müßte – bildlich gesprochen – ein Fußschemel oder eine Leiter gereicht werden. Übungen, die zu mehr Ganzheit, zu seelischer Stabilität, zu Entspannung, zu allmählicher Tiefenerfahrung und zu einer Selbstannahme führen, wären anzuraten und in christlichen Kreisen anzubieten. Hierzu zählen meditative Übungen, Körper- und Atemübungen, gesunde Ernährung, Hilfen für eine geordnete Lebensführung, ganzheitliche psychologische Beratung. Der achtstufige Pfad im klassischen Yoga wäre *ein* Übungskonzept (unter anderen), das hierbei eingesetzt werden könnte. Mit diesen Übungen kommt ein Integrations- und Wachstumsprozeß in Gang, der den Übenden allmählich öffnet für Spiritualität und die großen Ideale der eigenen Religion. Dies jedenfalls ist die Erfahrung mit Menschen, die mit Yoga beginnen. Das, was sie in die Kurse führt, sind oft ganz praktische Probleme: Schlafstörungen, Streß-Symptome, körperliche Beschwerden, Schwierigkeiten mit sich selbst. Aber im Laufe der Zeit wandelt sich das Interesse: Allmählich treten geistige Ziele in den Vordergrund.

Yoga – Eine Bereicherung des kirchlichen Angebots

Immer mehr Christen leben heute ihren Glauben außerhalb der Kirche. Für sie stellen die Angebote der Kirchen vielfach veraltete Formen dar. Sie suchen nach neuen Wegen der Christusbegegnung und religöser Erfahrung. Die Evolution ist fortgeschritten. An die Stelle des autoritätsgläubigen Christen, der eine Amtskirche braucht, in der er Religion (von oben) »verordnet« bekommt, ist weithin der mündige Bürger getreten. Als solcher will er Religion unmittelbar selbst erfahren.[81] Er will nicht den Kuß durch einen Boten überbracht bekommen, sondern diesen Kuß selbst spüren, vor allem dann, wenn der Bote diesen Kuß selbst noch gar nicht empfangen hat. Erich Fromm kommt zu dem Schluß: »*Die logische Konsequenz der Theologie ist die Mystik*«.[82] Und drastischer drückte sich Karl Rahner über den Christen der Zukunft aus; dieser »*wird ein Mystiker sein ... oder er wird nicht mehr sein*«.[83]

Der Mensch will Hilfe bei seinen Zweifeln, Zukunftsängsten, Depressionen usw. *jetzt*. Er sucht die religiöse Erfahrung *jetzt*. Und er lehnt salbungsvolle Vertröstungen auf die Zeit nach dem Tod ab. Es ist deshalb kein Wunder, daß sich der westliche Mensch zunehmend von seiner Kirche abwendet und sich Bewegungen anschließt, die ihm Freiheit bei seiner Gottsuche versprechen und für die die spirituelle Selbsterfahrung zum Programm gehört. Schubert schreibt in seinem Buch »Jugendsekten und neue Religiosität«,[84]

> *daß heute eine Religion gefragt sei, »die Hilfe, Wege, Trost und Weiterung anbietet, ohne zu behaupten, ihre Angebote*

seien die einzigen und besten. Eine Religiosität, in deren Kreis die Mystiker ... gedeihen können ...«.

Die Kirchen haben in unserer industriellen, materiellen Gesellschaft – neben einer karitativen Funktion – weithin die Rolle eines Zeremonienmeisters, der (immer noch) zu den Familienfesten geholt wird.[85] Sie können jedoch – als Trägerinnen von Spiritualität – nur überleben, wenn sie sich für die Bedürfnisse der Menschen nach spiritueller Erfahrung öffnen und wenn es ihnen gelingt, der »weithin ausgetrockneten christlichen Spiritualität«[86] ein neues Leben zu verleihen. Eine solche Entwicklung kann nur von Menschen getragen werden, die mit ehrlichem Engagement auf dem Weg zu einer eigenen Gottes-*Erfahrung* sind. Nur der Angezündete kann anzünden. Niemand kann glaubhaft über Gott sprechen, der sich ihm nicht mit Körper, Seele und Geist aufschließt und sich von ihm anstecken läßt.

Nachdem Yoga hierzu Hilfe sein *kann*, würde seine Aufnahme in die Angebote der kirchlichen Dienste und in die Gemeindearbeit zu einer wertvollen Bereicherung des kirchlichen Lebens führen. Die Kirchen würden eine neue Aktualität erhalten und Menschen ansprechen, die (bisher noch) außerhalb stehen. Es würden all jene eine Alternative erhalten, die auf der Suche nach erlebter Spiritualität in der Gefahr stehen, sich fragwürdigen Gruppierungen anzuschließen.

Dabei müßten die Verantwortlichen in den Kirchen nicht befürchten, daß bei einer solchen Öffnung dem Yoga gegenüber die Kirche selbst oder gar die christliche Botschaft unterwandert würde. Wie wir gesehen haben, besteht kein Anlaß, (den klassischen) Yoga als etwas Unchristliches, Fremdes abzulehnen. Vielmehr stellt die Yoga-Praxis einen Weg dar, dem Liebesgebot Christi gerecht zu werden; sie führt – wie wir sehen konnten – zur Entwicklung eines christlichen Bewußtseins. Berührungsängste haben deshalb keine Substanz. Die Eignung des Yoga-Weges für eine solche Persönlichkeits-Transformation ist seit mehr als zweitausend Jahren bewiesen, bisher allerdings überwiegend im Osten. Vielleicht kann der Yoga künftig auch verstärkt im westlichen, christlichen Teil der Erde seinen Beitrag zu einem besseren Menschsein leisten. Nach Ansicht des französischen Benediktinerpaters Jean-Marie Dechanet bietet Yoga jedenfalls das, »*was für eine völlige Erneuerung des christlichen Wesens notwendig ist.*«[87]

Ist Yoga Selbsterlösung?

Zum Abschluß unserer Untersuchung wollen wir auf einen Vorbehalt eingehen, der insbesondere von evangelischen Christen immer wieder ins Gespräch gebracht wird: Yoga sei Selbsterlösung. Aus den bisherigen Betrachtungen sollte eigentlich schon hinreichend zum Ausdruck gekommen sein, daß diese Befürchtung unbegründet ist. Wir wollen diesen Punkt dennoch aufgreifen, weil er nicht nur von akademisch-theologischem Interesse ist. Hinter einer solchen Reserve stehen oft tiefgläubige Personen mit ernsthaften Überzeugungen. In den Bedenken drücken sich nicht selten Ängste aus, gerade auch dann, wenn Menschen nach Lebenshilfe suchen und Yoga in Erwägung ziehen. Der Vorbehalt, Yoga sei Selbsterlösung, kann auch Ausfluß eines ehrlichen zwischenmenschlichen Engagements sein: Man möchte einen anderen davor bewahren, daß er einen Irrweg beschreitet, der sein »Seelenheil« gefährden könnte. Eine solch ernsthafte religiöse Gesinnung kann nicht mit einem Achselzucken abgetan werden.

Der Vorwurf, Yoga sei Selbsterlösung, wird auf Luthers Rechtfertigungslehre gestützt, wonach Erlösung »*... allein durch den Glauben*« und »*allein durch Gnade*« erlangt werden könne. Die Bemühung um gute Werke und Verdienste erlösten danach den Menschen nicht. Nur durch Gottes Gnade wird der Mensch gerechtfertigt. Dabei besteht offenbar gleichzeitig die Vorstellung, Yoga wolle die Erlösung herbeizwingen (was immer man unter Erlösung auch verstehen mag); Yoga sei ein »Ego-Trip«.

Hier werden Polaritäten erzeugt, die zum einen dem theologischen Zusammenhang von Rechtfertigung und Heiligung nicht gerecht werden.[88] Zum anderen wurzeln sie in einem gründlichen Mißverständnis des Yoga.

Die Bibel ist voll von Aussagen, bei denen der Mensch aufgefordert wird, zu handeln und den ersten Schritt zu tun. Das »*Tut Buße!*« schallt uns aus dem Neuen Testament entgegen und fordert uns auf, mit unserem ganzen Wesen umzukehren. Bei Matthäus (7,7) erfahren wir über die Gebetserhörung: »*Bittet, so wird euch gegeben; sucht, so werdet ihr finden; klopft an, so wird euch aufgetan.*« Und es wird erläutert, wie solches Bemühen belohnt wird (Mt. 7,8-11). Damit wird zum Ausdruck gebracht, daß wir Gottes Gnade erst erlangen können, wenn wir uns ihm zuwenden, uns nach ihm ausstrecken. Den gleichen Zusammenhang kann man aus dem Gleichnis vom verlorenen Sohn herauslesen (Lk. 15,11). Auch hier muß erst die Umkehr des Menschen stattfinden, ehe der Vater ihm entgegenkommt. Paulus wählt den Vergleich mit einem Sportler:

»Wißt ihr nicht, daß die Läufer in der Kampfbahn zwar alle laufen, aber nur einer den Siegespreis empfängt? Lauft so, daß ihr gewinnt. Jeder aber, der kämpft, legt sich jeden Verzicht auf; jene nun, damit sie einen vergänglichen Kranz empfangen, wir aber einen unvergänglichen«
(1. Kor. 9,24-25)

Ganz ähnlich klingt ein Text aus der Ostkirche:[89]

»Wer sich nicht anstrengt, wird auch nichts erreichen ... Unser Heil ist – unser Hauptanliegen. Es ist auch das mühsamste Werk. Mühen wir uns aber nach Kräften darum, so ernten wir dessen Frucht.«

Wir können fortfahren mit Thomas von Kempen; er fordert:[90]

»Und das sollte für jeden von uns die Hauptaufgabe sein: sich selbst zu überwinden, täglich mehr Herr über sich selbst zu werden und etwas besser zu werden«.

Und hören wir noch einmal auf Paulus:

»Weil wir nun diese Verheißungen haben, meine Lieben, so wollen wir uns von aller Befleckung des Leibes und des Geistes reinigen und die Heiligung vollenden in der Furcht Gottes« (2. Kor. 7,1).

Aber Luther selbst ist uns mit seiner eigenen Lebensgeschichte das beste Beispiel.[91] Als er seine Rechtfertigungslehre verkündete, hatte er zwei Jahrzehnte hinter sich, in denen er um den Gehorsam im Gesetz gerungen hatte. *»Luther konnte ›Gnade allein‹ rufen, weil er Christus als den in die Nachfolge Rufenden kannte«.*[92] Deshalb warnt Dietrich Bonhoeffer:[93]

»Wie sollen wir, die wir den Weg des Gehorsams nicht gehen, wenn wir auf Gnade hin sündigen, die Gnade der Sündenvergebung und überhaupt das Gebet zu Gott noch ernst nehmen und an ihn von reinem Herzen glauben? Da machen wir die Gnade billig ...«

Glaube ist kein einmaliger gedanklicher Vorsatz oder Entschluß. Durch Taufe und Konfirmation (Kommunion) allein läßt sich Erlösung nicht »sicherstellen«. Der Glaube muß *errungen* werden; er ist ein Entwicklungsprozeß. Selbst der Dogmatiker Karl Barth stellt fest:[94] *»Jawohl: wie sein Glauben und sein Lieben, so ist auch sein Hoffen ein Werk, das der Christ schlecht und recht zu tun hat, das ihm ernstlich geboten und für dessen echtes Geschehen er verantwortlich gemacht ist.«*

Geistiges Wachstum erfordert also – im Yoga wie im Christentum – einen Einsatz. Es setzt tägliches Bemühen voraus. Aber der Mensch wird bei seinem Tun und Üben nicht allein gelassen. Gott kommt ihm entgegen und führt ihn »nach Hause«. Daß das Ziel letztlich nicht in der Hand des Suchenden selbst liegt, sondern ein Akt der Gnade ist, wird von den Yogis stets aufs neue betont.[95] So weist Ramana Maharshi immer wieder darauf hin, daß Gnade und eigenes Bemühen einander bedürfen.[96] Ramakrishna gebraucht ein Bild:[97]

> *»Ohne Reinheit des Herzens kann man Gott nicht sehen ... Wenn eine Nadel im Schmutz liegt, kann der Magnet sie nicht anziehen. Wäscht man den Schmutz ab, wird der Magnet wirksam. So kann auch der Schmutz unseres Denkens ... fortgespült werden. Darauf zieht Gott, der wie ein Magnet ist, unser Denken wie eine Nadel an. Dann erlangt der Strebende Samadhi und somit die Schau Gottes.*
> *Gott erscheint nicht so bald im Herzen eines Menschen, der glaubt, sein eigener Meister zu sein. Er wird schaubar, sobald sich Seine Gnade ergießt. Er ist die Sonne der Erkenntnis. ... Man kann Gott nur sehen, wenn Er sein Licht auf Sein eigenes Antlitz richtet.«*

Swami Sharadananda, ein weiterer Yoga-Weiser, berichtet von der entscheidenden Kraft der Gnade so:[98]

> *»Auf spirituellem Gebiet kann uns menschliches Bemühen nur zu einer bestimmten Höhe führen und läßt uns dort zurück. Um darüber hinaus zu gelangen, ist göttliche Hilfe nötig. Wieviel jemand auch aus eigener Kraft kämpfen mag, er kommt nicht über diese Stufe hinaus. Es ist das, was man als die ›dunkle Nacht der Seele‹ bezeichnet. Die einzige Hilfe, um dieses Hindernis zu überwinden, ist ständiges Beten um die Gnade Gottes.«*

Erlösung ist also weder reines *Menschenwerk* noch ausschließlich *Gotteswerk*: Es ist eine göttlich-menschliche Partnerschaft, in der beide Teile zum Gelingen beitragen (müssen). Ramana Maharshi drückte dies einmal so aus:[99]

> *»Die göttliche Gnade ist wesentlich zur Gott-Erkenntnis. Doch wird diese Gnade nur dem gewährt, der beharrlich und keine Mühe scheuend dem Ziel zustrebt.«*

Wir wollen deshalb unser Bild vom »Seelensee«[100] weiterentwickeln:

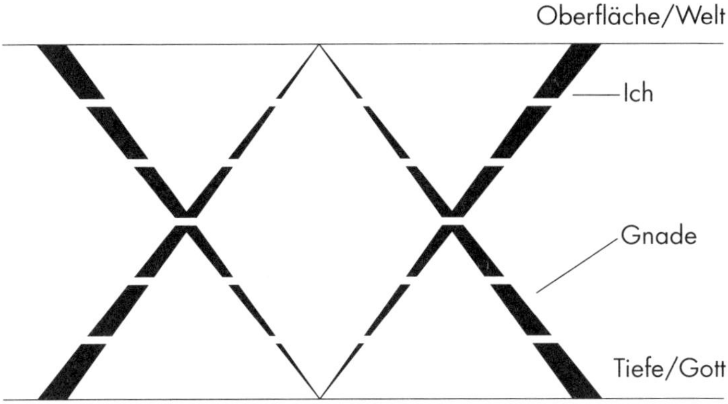

Abb. 18: Gnade und menschliches Bemühen

Um von der Oberfläche, der Bindung an die Welt, loszukommen, braucht man ein gesundes Ich, einen festen Entschluß und einen starken Willen. Der Einsatz, sich von der Oberflächenspannung zu befreien, muß von uns aufgebracht werden. Das ist unser Beitrag in diesem »Gemeinschaftsunternehmen«. Auf dem Weg in die Tiefe kommt uns aber eine Kraft entgegen, die wir stärker und stärker spüren, je näher wir der Tiefenschicht, der spirituellen Ebene in uns, kommen. Der Sog dieser Kraft – wir können sie als Gnade bezeichnen – erfaßt uns und nimmt uns in dem Maße auf, wie wir imstande sind, uns hinzugeben und dieser Kraft die Führung zu überlassen. Je tiefer wir tauchen (oder tauchen wollen), um so mehr müssen wir unser Ich überwinden und diese göttliche Energie von uns Besitz ergreifen lassen.

Wir brauchen also für den ersten Schritt, bei dem wir uns von den Bindungen an die Welt (Vergnügen, materielle Interessen etc.) frei machen, ein starkes Ich. Später muß dieses Ich überwunden, dem göttlichen Walten geopfert werden.

In dieser Weise wirken auch die Yoga-Übungen: Sie führen zum Aufbau einer durchgebildeten Persönlichkeit mit Willensstärke, Selbstvertrauen und Augenmaß für die Daseinsbewältigung. Dies wird durch die *Asanas*, *Pranayamas*, Regeln der Lebensführung usw. bewirkt. Schon allein die Bemühung, jeden Tag die Übungen auszuführen, fördert die Persönlichkeitsentwicklung und trägt zur Charakterbildung bei.

Die Yoga-Praxis bleibt aber bei diesem Stadium nicht stehen. Es findet nicht nur – soweit noch erforderlich – eine gesunde Ich-Entwicklung statt; die Übungen führen auch zu Hingabe, Vertrauen und der Fähigkeit loszulassen. Denn in dem Maß, in dem wir unsere Verhaftungen an die Welt lösen, kann das Göttliche in uns in Erscheinung treten.

Das Geistige (Gott) wird also nicht herbeigezwungen. Es ist schon da, umgibt uns. Wir nehmen es nur nicht wahr. Wir sind wie ein Fernsehzuschauer, der fasziniert ist von den bewegten Bildern und gar nicht merkt, daß neben ihm seine Frau sitzt. Der Film ist für ihn realer als seine Familie. Und doch haben wir Angst davor, auf den Knopf zu drücken, dem flimmernden Zauber Lebewohl zu sagen. Wir sind mit allen Fasern unseres Wesens an die Welt hingegeben. Jeder, der ernsthaft den geistigen Weg geht, wird ständig die Erfahrung machen, wie schwer es ist, diesen Verzicht zu üben.

Aber unser Vergleich von einer Partnerschaft in der Gottsuche ist noch unvollständig. Denn ist es nicht auch ein Ausfluß von Gnade, daß wir uns überhaupt auf den Weg machen? Ramana Maharshi sagte einmal:[101]

> *»Darin, daß dieses Fragen nach dem Selbst von dir Besitz ergriffen hat, offenbart sich greifbar die göttliche Gnade. ... Darum sage ich: kein wahrhaftes Erkennen ohne Gnade ...«*

Das bedeutet: selbst das menschliche Bemühen ist letztlich nicht des Menschen Werk, sondern wird getragen von göttlicher Gnade. Ramakrishna formulierte dies so:[102]

> *»Wahre Erkenntnis läßt uns empfinden:*
> *›O Gott, Du allein handelst‹.«*

Es ist also ein Akt göttlicher Gnade, wenn wir die Kraft haben, unsere Übungen zu machen, wenn in uns der Wunsch wach wird, an unseren Problemen zu arbeiten und nach spiritueller Erkenntnis zu suchen. Dieses Ineinanderverflochtensein von menschlichem Tun und göttlichem Wirken kommt auch bei Paulus zum Ausdruck, wenn er schreibt:

> *»... müht euch um euer Heil mit Furcht und Zittern. Denn Gott ist's, der in euch das Wollen wie das Vollbringen wirkt ...« (Phil. 2,12-13).*

Wir sind damit am Ende unserer Betrachtungen angelangt. Transzendenz ist nicht teilbar. Gottes Sein durchdringt die Erde und das Weltall. Spirituelles Streben mag sich in seinem äußeren Kleid unterschiedlich zeigen. Aber dahinter steckt die gleiche Kraft und – bei näherer Betrachtung – der gleiche Prozeß, mag es die Suche nach einem höheren Bewußtsein im Yoga oder die Bemühung um Heiligung im Christentum sein. Ein bekannter Satz von Augustinus kann das Ergebnis unserer Untersuchung zusammenfassen:

»Unruhig ist unser Herz,
bis es Ruhe findet in Dir,
o Gott.«

Anmerkungen

Statt einer Einführung

1 zitiert von Vyasa, dem legendären, klassischen Kommentator zum Yoga-Sutra des Patanjali, Anmerkung zu Sutra III/6, vgl. etwa bei Aranya, Hariharananda: Yoga Philosophy of Patanjali, Calcutta 1981, S. 255 (nachfolgend zitiert als: Aranya, H.: Yoga Philosophy); Übersetzung durch den Verfasser

2 vgl. hierzu Eliade, Mircea: Yoga – Unsterblichkeit und Freiheit, Frankfurt 1977, S. 12 (nachfolgend zitiert als: Eliade, M.: Yoga); Spath, I. M.: Yoga – Wege der Befreiung, Zürich 1951; Rieker, Ulrich: Die zwölf Tempel des Geistes, Zürich 1955

3 vgl. Eliade, M.: Yoga, S. 13

4 vgl. Meister Eckehart: Deutsche Predigten und Traktate, hrsg. von Josef Quint, Zürich 1979, S. 163 f. (nachfolgend zitiert als: Meister Eckehart)

5 Die etymologische Herleitung des Wortes Religion ist nicht gesichert. Neben der hier verwendeten Ableitung ist ebenfalls verbreitet (nach Cicero) *relegere* »sorgfältige Verehrung der Götter« (wörtlich: wieder durchgehen, wieder lesen), vgl. Waldenfels, Hans (Hrsg.): Lexikon der Religionen, 2. Aufl., Freiburg/Basel/Wien 1992, Stichwort »Religion«

6 vgl. Mayrhofer, Manfred: Kurzgefaßtes etymologisches Wörterbuch des Altindischen, Band III, Heidelberg 1976, S. 20–21

7 vgl. Pokorny, Julius: Indogermanisches etymologisches Wörterbuch, Band I, Bern/München 1959, S. 508

8 vgl. hierzu auch Eliade, M.: Yoga, S. 12

9 vgl. hierzu auch Fuchs, Christian: Die Geschichte des Yoga, in: Der Weg des Yoga, hrsg. vom Berufsverband Deutscher Yogalehrer, Petersberg 1991, S. 3–15, S. 3

10 vgl. z. B. die Definition von Yoga (unten S. 41) und das Resultat einer solchen umfassenden Beherrschung der Innenwelt im Yoga-Sutra des Patanjali (Sutra I/2 und I/3)

11 vgl. hierzu die Meditations-Techniken im Yoga-Sutra des Patanjali (Kapitel I und III)

12 vgl. im Yoga-Sutra des Patanjali z. B. die Sutras I/20, I/23-26, II/1, II/32, II/45 sowie Eliade, M.: Yoga, S. 102, Fußnote 44

13 so auch Eliade, M.: Yoga, S. 12

14 vgl. auch Eliade, M.: Yoga, S. 14

15 vgl. ebenda, S. 14

16 Musterbeispiele hierfür sind z. B. Aagaard, Johannes: Was ist Yoga wirklich?, hrsg. vom Arbeitskreis »Religiöse Gemeinschaften« der VELKD, Hannover 1981; Schlink, M. B.: Christen und die Yogafrage, Darmstadt (Verlag Evangelische Marienschwesternschaft) o. J., S. 9; Ray, M.: Yoga – Ja oder Nein? Winterthur 1971.

17 vgl. Hauer, J. W.: Der Yoga, 3. Aufl. Südgellersen 1983, S. 19 (nachfolgend zitiert als: Hauer, J. W.: Der Yoga)

18 Der Ort liegt im heutigen Pakistan.

19 Nach Desikachar handelt es sich bei dem Sitz um das Mulabandhasana, vgl. die Beschreibung und das Foto einer Nachstellung in: Desikachar, T. K. V.: Yoga. Tradition und Erfahrung, Petersberg 1991, S. 4

20 vgl. Eliade, M.: Yoga, S. 363

21 Hauer beschäftigte sich nicht nur als renommierter Indologe mit dem Yoga; er hat mit ihm auch ganz praktisch »experimentiert«.

22 Hauer, J. W.: Der Yoga, S. 19

23 Hauer, J. W.: Der Yoga, S. 19 f.

24 vgl. z. B. Hauer, J. W.: Der Yoga, S. 42 und 91, Deussen, Paul: Allgemeine Geschichte der Philosophie, Band 1/1, 3. Aufl. Leipzig 1915, S. 166 und Band 1/2, 2. Aufl., Leipzig 1907, S. 19 ff., (nachfolgend zitiert als Deussen, P.: Geschichte der Philosophie), Garbe, Richard: Die Samkhya-Philosophie, 2. Aufl., Leipzig 1917, S. 6 ff und S. 14 (nachfolgend zitiert als: Garbe, R: Samkhya-Philosophie); Zimmer, Heinrich: Philosophie und Religion Indiens, 7. Aufl., Frankfurt a. M. 1992, S. 255 f. (nachfolgend zitiert als: Zimmer, H.: Philosophie)

25 vgl. Hauer, J. W.: Der Yoga, S. 93

26 vgl. Deussen, P.: Geschichte der Philosophie, I/1, S. 166 und I/2, S. 19 ff., Garbe, R.: Samkhya-Philosophie, S. 6 ff und S. 14; Hauer, J. W.: Der Yoga, S. 43 f.

27 vgl. Hauer, J. W.: Der Yoga, S. 186

28 Eliade, M.: Yoga, S. 153

29 Eliade, M.: Yoga, S. 153

30 Hauer, J. W.: Der Yoga, S. 108

31 vgl. Zimmer, H.: Philosophie, S. 255 f.

32 vgl. hierzu im einzelnen unten, S. 102 f.

33 vgl. Schoeps, Hans-Joachim: Religionen, Gütersloh, o. J., S. 122; Eliade, M: Yoga, S. 122

34 vgl. Eliade, M.: Yoga, S. 122

35 vgl. Hauer, J. W.: Der Yoga, S. 118

36 vgl. Deussen, P.: Geschichte der Philosophie, I/1, S. 166 und I/2, S. 19 ff.

37 Teil des Heldenepos Mahabharata und religöses Buch Indiens

38 ältester Teil der Veden und älteste Literatur Indiens überhaupt, vgl. Thieme, Paul, in: Gedichte aus dem Rig-Veda, Stuttgart 1983, S. 3

39 vgl. Hauer, J. W.: Der Yoga, S. 48

40 vgl. Hauer, J. W.: Der Yoga, S. 221

41 vgl. Zimmer, H.: Philosophie, S. 257

42 vgl. Zimmer, H.: Philosophie, S. 257; Hauer, J. W.: Der Yoga, S. 238

43 vgl. Hauer, J. W. Der Yoga, S. 238

44 vgl. Zimmer, H.: Philosophie, S. 257

45 vgl. Zimmer, H.: Philosophie, S. 257

46 Ein geschichtlicher Abriß bezüglich der einzelnen Bestandteile des achtgliedrigen Yoga-Weges findet sich bei Deussen, P.: Geschichte der Philosophie, I/2, S. 343 ff.

47 Allerdings ist auch das Yoga-Sutra, aufgrund seiner stichkpunktartigen Abfassung, nicht geeignet, einem Anfänger eine Einführung in die Theorie und Praxis des klassischen Yoga zu geben; hierzu ist ein kompetenter Lehrer kaum entbehrlich.

48 vgl. Hauer, J. W.: Der Yoga, S. 222

Defizite des menschlichen Bewußtseins

1 vgl. Platon: Der Staat, Stuttgart 1982, S. 327 ff.

2 Ähnlich auch Kant, wenn er zu dem Ergebnis kommt, »daß wir nämlich von den Dingen nur das a priori erkennen, was wir in sie le-

gen« (und nicht die Wirklichkeit der Dinge an sich), Kritik der reinen Vernunft, Werkausgabe, Band III, Frankfurt 1968, S. 26; vgl. hierzu auch Schopenhauer, Arthur: Sämtliche Werke, Werkausgabe, Band I: Die Welt als Wille und Vorstellung, Darmstadt 1982, S. 566f. Moderne Wissenschaftler gehen davon aus, daß die (Außen-)Welt vom Gehirn des jeweiligen Individuums gebildet wird; vgl. Maturana, Humberto R./Varela, Francisco J.: Der Baum der Erkenntnis. Die biologischen Wurzeln des menschlichen Erkennens, München 1990

3 vgl. Yoga-Sutra II/3

4 vgl. Frankl, Viktor E: Das Leiden am sinnlosen Leben, Freiburg/Basel/Wien, Neuausgabe 1991

5 vgl. die Analysen unserer Gesellschaft etwa bei Fromm, Erich: Haben oder Sein, München 1979; Sorokin, Pitirim A.: Wiederherstellung der Menschenwürde, Frankfurt 1952, S. 104 ff.

6 vgl. Aristoteles: Nikomachische Ethik, Buch I, Stuttgart 1969; Aristoteles verwendet den Ausdruck *Eudaimonia.*

7 vgl. Yogendra, Shri: Yoga Essays, Bombay 1978, S. 28

8 Wilber, Ken: Halbzeit der Evolution. Bern/München/Wien 1984, S.21 f. Auch Teilhard de Chardin ging wohl von einem solchen »Aufstieg« des Bewußtseins zur Transzendenz aus, vgl. Teilhard de Chardin: Aufstieg zur Einheit, hrsg. und kommentiert von Lorenz Häflinger, Olten 1974, S. 366 ff.

9 vgl. hierzu auch Coster, Geraldine: Yoga und Tiefenpsychologie, München-Planegg 1954, S. 149f.

10 Hierin sieht Geraldine Coster eine Entsprechung zur Psychoanalyse; sie schreibt: »Auf die einfachste Form gebracht, behauptet der heutige Analytiker, daß die Leiden der Menschheit die Folge sind von Ungewissheit, genauer von Unkenntnis des eigenen Selbst, und daß der Weg der Heilung die Selbsterkenntnis ist.« ebenda, S. 46; vgl. auch Fromm, Erich: Psychoanalyse und Zen-Buddhismus, in: Fromm, Erich/Suzuki, Daisetz Teitaro/Martino, Richard de: Zen-Buddhismus und Psychoanalyse, Frankfurt 1976, S. 170

11 Rinser, Luise: Mirjam, Frankfurt 1987

12 Ramakrishna lebte von 1836 – 1886 in Dakshineswar bei Kalkutta. Die Parabel ist der Broschüre »Shri Ramakrishna tells stories«, Madras 1982, S. 2 f. entnommen.

13 vgl. Zink, Jörg: Wie wir beten können, 1. überarbeitete Aufl., Stuttgart/Berlin 1991, S. 87

14 Nachfolge Christi, 1. Buch, 3. Kapitel

15 Der Begriff Lust wird hier verwendet im Sinne von Begierde, »Anhaften«, Hedonismus; gemeint ist nicht Freude, Glücksempfinden, wie sie sich aus einem erfüllten Leben einstellen können. Friedrich Oetinger hat den Unterschied in seinem Gedicht sehr schön zum Ausdruck gebracht: *»Ich schlief und träumte, das Leben wäre schön. Ich erwachte und sah, das Leben ist Pflicht. Ich handelte und siehe, die Pflicht war Freude.«*

In der Geistesgeschichte wird der Begriff Lust doppeldeutig verwendet. So ist bei dem oft falsch verstandenen Epikur Lust (griech. *hedoné*) untrennbar mit Tugend und Vernunft verbunden. Nach ihm liegt die höchste Lust im Geistigen, in *»der Ergründung dessen, was dem Geiste die höchsten Beängstigungen verursacht ...«*, vgl. Hochkeppel, Willy: War Epikur ein Epikureer?, 3. Aufl., München 1988, S. 163

16 5. Aufzug, 3. Auftritt (Edgar)

17 vgl. oben S. 24

18 Bereits im Yoga-Sutra wird auf die zur Bindung führende Wirkung der Drogen hingewiesen, vgl. Sutras IV/1 und IV/6

19 Etwas anderes mag gelten, wenn Rauschgifte, wie Fliegenpilz-Präparate oder Peyote-Produkte (Meskalin), im Rahmen rituell-religiöser Zeremonien, eingebettet in einen gewachsenen kulturellen Zusammenhang, wie in Mittel- und Südamerika, Verwendung finden.

Die Berücksichtigung der Individualität des Menschen

1 vgl. auch Petzold, Matthias: Indische Psychologie, München/Weinheim 1986, S. 226

2 Quellenwerke sind insbesondere die *Hathayogapradipika*, die *Siva-Samhita*, die *Gheranda-Samhita* und das *Goraksa-Sataka*.

3 vgl. Hathayogapradipika, Sutra I/1

4 vgl. etwa Vivekananda, Swami: Karma-Yoga und Bhakti-Yoga, Freiburg 1990

5 vgl. Ramana Maharshi: Sei, was du bist! Hrsg. von David Godman, Bern/München/Wien 1990; derselbe: Gespräche des Weisen vom Berge Arunachala, Interlaken 1989, Zimmer, Heinrich: Der Weg zum Selbst, 7. Aufl., Düsseldorf/Köln 1991

6 Deutsche Übersetzungen: Jungclaussen, Emmanuel: Aufrichtige Erzählungen eines russischen Pilgers, 18. Aufl., Freiburg 1990; Selawry, Alla: Das immerwährende Herzensgebet, 5. Aufl., Bern/München/Wien 1986 (nachfolgend zitiert als: Selawry, A.: Herzensgebet)

7 vgl. hierzu auch Vandana: Nama Japa – Gebet des Namens in Hinduismus und Christentum, Mainz 1992; ein erfahrender Praktiker dieses Übungsweges war auch Mahatma Gandhi, vgl. hierzu den Bericht in seinem Buch: Ramanama. The Infallible Remedy, Karachi 1947, insbesondere S. 9 ff.

8 Standardwerk: Avalon, Arthur: Die Schlangenkraft, 3. Aufl., Bern/München/Wien 1982; vgl. auch Eliade, M.: Yoga, S. 209 ff. Und Zimmer, H.: Zur Bedeutung des indischen Tantra-Yoga. Drei Vorträge, in: Yoga und Meditation im Osten und Westen, Eranos-Jahrbuch 1933, 2. Aufl., Zürich 1934, S. 9–94.

9 vgl. hierzu auch die Untersuchung von Fuchs, Christian: Yoga in Deutschland. Rezeption, Organisation, Typologie, Stuttgart/Berlin/Köln 1990, S. 145 f.

10 vgl. etwa Organisationen wie ISKCON (Hare-Krishna-Bewegung), Sant Thakar Singh u. a.

11 vgl. z. B. Anand, Margo: Tantra oder die Kunst der sexuellen Ekstase, München 1990; weitere Nachweise bei Wolf, Bernhard: Bewußte Irreführung oder Hybris? Spirituelle Genesungsprogramme für Sexualität, Drogen- und Suizidgefährdung. Vortrag vor dem Jahreskongreß der Aktion Jugendschutz Baden-Württemberg am 8. 10. 1991 in Karlsruhe, unveröffentlichtes Manuskript, S. 9 ff. (erscheint im nächsten Jahresband der Aktion Jugendschutz).

12 Dies ergibt sich aus dem Aufbau des Yoga-Sutra. Im ersten Kapitel werden die *Samadhi*-Techniken besprochen. Sie sind nur für sehr

fortgeschrittene Menschen anwendbar. Im zweiten Kapitel werden dann der Kriya-Yoga (Sutras II/1-27) und im Anschluß hieran der sogenannte achtstufige oder achtgliedrige Pfad besprochen (Sutra II/28 ff.). Sowohl der Kriya-Yoga (vgl. Sutra II/2) als auch der achtstufige Pfad führen zu *Samadhi*. Deshalb laufen beide Wege wieder zu Beginn des dritten Kapitels zusammen. Und es werden dort die oberen drei Stufen des achtstufigen Pfades – Konzentration (*Dharana*), Meditation (*Dhyana*), reine Schau (*Samadhi*) – erläutert und verschiedene Resultate, die sich einstellen (können), angegeben. Deutlich wird dieser Zusammenhang auch aus dem Kommentar des Vyasa, vgl. dort die Anmerkung vor der ersten Sutra des zweiten Kapitels.

13 vgl. Hauer, J.W.: Der Yoga, S. 230

14 Wie hilfreich diese Einteilung ist, zeigt sich bei der praktischen Arbeit in den Yoga-Kursen. Der achtstufige Pfad ist leicht einsichtig und die interessierten Teilnehmer können mit ihm arbeiten. Der Kriya-Yoga dagegen erweist sich für die meisten erst nach jahrelanger Übung des achtstufigen Pfades als praktikabel.

15 vgl. Aranya, H.: Yoga Philosophy, S. 1

16 vgl. hierzu auch Aranya, H.: Yoga Philosophy, S. 3

17 vgl. hierzu auch die Aussage des großen Yogis Ramana Maharshi: Sei, was du bist! Bern/München/Wien 1990, S. 175

18 Selawry, A.: Herzensgebet, S. 39 f.

19 Das Wort *Heiliger* wurde in Anführungszeichen gesetzt, um klischeehaften Vorstellungen und unkritischen Assoziationen zu begegnen. Eine reflektierende, differenzierende Behandlung erfährt dieses Thema durch Barth, Hans-Martin: Sehnsucht nach Heiligen, Stuttgart 1992; von Bedeutung sind hier insbesondere die Aussagen auf S. 108 ff.

20 vgl. unten das Kapitel »Ist Yoga Selbsterlösung?«

21 vgl. Kapitel III des Yoga-Sutra

22 vgl. Hauer, J.W.: Der Yoga, S. 108

23 Thomas von Kempen: Nachfolge Christi, 3. Buch, 37. Kapitel

Samadhi – Das Tor zur Freiheit

1 vgl. Kommentar des Vyasa, Anmerkung zu Sutra I/17 und Yogendra, Jayadeva: Questions and Answers on the Yoga Sutras, in: Yoga and Total Health, August 1991, S. 24

2 vgl. auch Eliade, M.: Yoga, S. 89 f. unter Hinweis auf Vijnana Bhiksu

3 Der Ausdruck im Yoga ist *Siddhis* »Vollkommenheiten«, »Meisterschaften«; man kann das Wort im christlichen Verständnis besser mit *Wunderkräfte* übersetzen. Vgl. zu diesem Phänomen etwa die Untersuchungen von Lindquist, Sigurd: Siddhi und Abhinna. Eine Studie über die klassischen Wunder des Yoga, Uppsala 1935; ferner die Erlebnisberichte bei Yogananda, Paramahansa: Autobiographie eines Yogi, 18. Aufl., München 1991.

4 Dies steht im Gegensatz zu Bewegungen (wie die der Transzendentalen Meditation), die solche Wunderkräfte versprechen und mit ihnen werben.

5 vgl. Kommentar des Vyasa, Anmerkung zu Sutra III/37 und Aranya, H.: Yoga Philosphy, Anmerkung zu Sutra I/2, S. 9 f.
6 vgl. hierzu auch oben S. 35, Abbildung 5, Spalte 4 bei »Schülerklasse«V
7 Meister Eckhart, S. 143
8 Hauer, J. W.: Der Yoga, S. 240
9 Thomas von Kempen: Nachfolge Christi, 3. Buch, 37. Kapitel
10 vgl. Hauer, J. W.: Der Yoga, S. 108
11 Diese Aussage hat aber auch die Bedeutung, daß der Mensch so rein geworden ist, daß er Gott in sich schauen kann; ähnlich auch Teresa von Avila, die die Seele als lichtdurchlässigen Kristall bezeichnet, vgl. Waldenfels, Hans (Hrsg.): Lexikon der Religionen, 2. Aufl., Freiburg/Basel/Wien 1992, Stichwort »Meditation/Mystik«
12 vgl. zum Beispiel den Kommentar zu Sutra II/16
13 Dschuang Dsi: Das wahre Buch vom südlichen Blütenlande, Köln 1986, S. 99
14 vgl. etwa Boss, Medard: Indienfahrt eines Psychiaters, 4. Aufl., Bern/Stuttgart/Wien 1987, S. 201 ff. (nachfolgend zitiert als: Boss, M.: Indienfahrt); Ramakrishna: Das Vermächtnis, Bern/München 1981; Ramana Maharshi: Gespräche des Weisen vom Berge Arunachala, Interlaken 1989
15 Meister Eckhart, S. 291
16 vgl. hierzu unten den Abschnitt »Yoga im Christentum«
17 Zu den verschiedenen Grundmodellen hinter den Religionen vgl. Panikkar, Raimon: Der neue religiöse Weg, München 1990, S. 30 ff.

Die Übungskonzepte im klassischen Yoga

1 vgl. oben S. 35, Abbildung 5, Spalte 4
2 vgl. hierzu auch Lindquist, Sigurd: Die Methoden des Yoga, Lund 1932, S. 96 ff.
3 Nachfolge Christi, Drittes Buch, Kapitel 31
4 Meister Eckehart, S. 59 f.
5 vgl. Meister Eckhart: Gotteserfahrung und Weg in die Welt, Olten 1979, S. 82 f.
6 ebenda, S. 87
7 Der *Kriya-Yoga* als Übungsbereich des klassischen Yoga darf nicht verwechselt werden mit dem Schulungskonzept Paramahansa Yoganandas, das von der Self-Realization Fellowship überliefert und ebenfalls als *Kriya-Yoga* bezeichnet wird. Es handelt sich dort um einen lehrerbezogenen (gurubezogenen) Yoga, der auch Hatha-Yoga-Übungen mit umfaßt.
8 so bei Zimmer, H.: Philosophie, S. 273; Hauer, J. W.: Der Yoga, S. 235
9 vgl. Aranya, H.: Yoga Philosophy, Kommentar zu Sutra II/1, S. 114
10 vgl. auch Aranya, H.: Yoga Philosophy, Kommentar zu Sutra II/32 und Dasgupta, Surama: The Concept of Tapas, in: ebenda, S. 445–448 (nachfolgend zitiert als Dasgupta, S.: Tapas)
11 vgl. Dasgupta, S.: Tapas, S. 448
12 vgl. ebenda, S. 446
13 vgl. ebenda, S. 445; Aranya übersetzt Tapas in der Sutra II/1 mit geistiger, moralischer und körperlicher Selbstdisziplin, vgl. Aranya, H.: Yoga Philosophy, S. 113

14 vgl. Aranya, H.: Yoga Philosophy, S. 114
15 vgl. Dasgupta, S.: Tapas, S. 448
16 vgl. Nachfolge Christi, 1. Buch, 11. Kapitel
17 vgl. Laplanche, J.; Pontalis, J.-B.: Das Vokabular der Psychoanalyse, 9. Aufl., Frankfurt a. M. 1989, S. 582
18 vgl. ebenda, S. 586
19 vgl. auch Aranya, H.: Yoga Philosphy, S. 445
20 vgl. Neumann, Erich: Tiefenpsychologie und neue Ethik, Frankfurt 1987, S. 19
21 vgl. hierzu auch Jacobs, Hans: Indische Weisheit und westliche Psychotherapie, München 1965, S. 50 und 125f.
22 Mello, Anthony de: Warum der Vogel singt, 4. Aufl., Freiburg/Basel/Wien 1986, S. 9
23 Boss, M.: Indienfahrt, S. 21; im Ergebnis ebenso, wenngleich abwägender, Coster, Geraldine: Yoga und Tiefenpsyychologie, München-Planegg 1954, S. 46; vgl. ferner Jacobs, Hans: Indische Weisheit und westliche Psychotherapie, München 1965, S. 132ff., 147.
24 Selawry, A.: Herzensgebet, S. 19
25 Ramakrishna: Leben und Gleichnis, 3. Aufl., Bern/München/Wien 1979, S. 76
26 vgl. Sutra II/2
27 vgl. Aranya, H.: Yoga Philosophy, S. 203 (Fußnote)
28 Yoga-Sutra II/28
29 vgl. hierzu auch Eliade, M: Yoga, S. 57–61
30 vgl. hierzu auch Fromm, Erich: Psychoanalyse und Zen-Buddhismus, in: Fromm, Erich/Suzuki, Daisetz Teitaro/Martino, Richard de: Zen-Buddhismus und Psychoanalyse, Frankfurt 1976, S. 174
31 Sartory, Gertrude und Thomas (Hrsg.): Ich sah den Ochsen weinen. Die Heiligen und ihre Tiere, Freiburg 1979, S. 122
32 Hierzu sei auf die umfangreichen Kommentare zu den Yoga-Sutras verwiesen; stellvertretend für viele: Aranya, H.: Yoga Philosophy, S. 208 ff.; Woods, James Haughton: The Yoga-System of Patanjali, Delhi 1977, S. 178 ff. Eine schöne deutsche Ausdeutung findet sich auch bei Gentschy, Michael: Yoga und christliche Spiritualität, München 1989, S. 97–138
33 Das Wort *Asana* ist im Sanskrit ein Neutrum, auch wenn es im Deutschen häufig als Femininum (im Sinne von: *die* Körper-Übung) gebraucht wird.
34 vgl. Hathayogapradipika 1/1 und Gheranda-Samhita, Anrede, 1. Lektion
35 Allerdings gibt es Körperübungen (Asanas) als Yoga-Technik schon seit weitaus früherer Zeit; vgl. hierzu die (nicht immer gesicherte) Chronologie und das Fundstellenverzeichnis in: The Yoga Institute Santacruz (Hrsg.): Yoga Cyclopaedia, Vol. I, Bombay 1988, S. 26ff.
36 vgl. Eliade, M.: Yoga, S. 309 f.
37 vgl. Eliade, M.: Yoga, S. 238
38 vgl. Eliade, M.: Yoga, S. 239
39 vgl. Hauer, J. W.: Der Yoga, S. 271; Eliade, M.: Yoga, S. 309
40 vgl. Briggs, George Weston: Gorakhnath and the Kanphata Yogis, Nachdruck (1. Aufl., Calcutta 1938), Delhi 1989, S. 286 (Fußnote 2), Anmerkung zu Goraksa-Sataka, Sutra 8; wörtlich sagt diese Sutra, daß es soviele Asanas wie Lebewesen gäbe.
41 vgl. Walter, Hermann: Hathayogapradipika, Hildesheim/Zürich/New York, Nachdruck 1984, S. XXII

42 vgl. Eliade, M.: Yoga, S. 311; Endres, Franz Carl/Schimmel, Annemarie: Das Mysterium der Zahl, 2. Aufl., Köln 1985, S. 283

43 Erwähnt wird lediglich eine Übung mit der Bezeichnung Viparitakarani, was soviel bedeutet wie »umgekehrte Form«, »umgekehrte Haltung«. Nach der Beschreibung in der Hathayogapradipika (Sutra III/79) soll lediglich der Unterleib (wörtlich: die Nabelregion) in eine Position gebracht werden, die höher als der Kopf (wörtlich: der Gaumen) ist. Im allgemeinen wird diese Übung als eine Art Schulterstand (Kerze) gedeutet, vgl. hierzu die Zusammenstellung von Peter Oswald, Basel, abgedruckt in: Fuchs, Christian: Yoga in Deutschland. Rezeption, Organisation, Typologie, Stuttgart/Berlin/Köln 1990, S. 261. Im Gegensatz zum Kopfstand, der zu einem nicht ungefährlichen Blutstau im Gehirn führt, wird bei dieser Übung die Blutzufuhr in den Kopf gebremst.

44 vgl. Walther, Hermann: Hathayogapradipika, Hildesheim/Zürich/New York, Nachdruck 1984, S. XXII

45 vgl. auch Hathayogapradipika Sutra I/17

46 Unter Modifizierung einer Systematik des Yoga-Institutes Santa Cruz East, Bombay, vgl. The Yoga Institute Santacruz (Hrsg.): Yoga Cyclopaedia, Vol. I, Bombay 1988, S. 46 und S. 63.

47 zum Energiesystem vgl. im einzelnen unten S. 80 ff.

48 Die physiologischen Wirkungen der *Asanas* sind in zahlreichen wissenschaftlichen Untersuchungen nachgewiesen, vgl. z. B. Bischler, Wladimir: Yoga and the Physiological and Therapeutic Effects of Voluntary Respiration, in: Sorokin, Pitrim A. (Hrsg.): Forms and Techniques of Altruistic and Spiritual Growth (Harvard Research Center in Creative Altruism), Harvard 1954, S. 167–176; Brosse, Therese: Contribution to the Experimental Study of Altruism: Instrumental Explorations of Yoga Techniques, in: ebenda, S. 189–282; Ebert, Dietrich: Physiologische Aspekte des Yoga, Stuttgart 1986; Funderburk, James: Science Studies Yoga, Honesdale, Pennsylvania 1977; Mukerji, G. S./Spiegelhoff, W.: Yoga und unsere Medizin, 4. Aufl., Stuttgart 1980

49 Ebert, Dietrich: Physiologische Aspekte des Yoga, Stuttgart 1986, S. 136.

50 Nur die Entspannungsübungen nehmen eine Sonderstellung ein.

51 Allerdings können die meisten Asanas auch eine Zeit gehalten werden; Umkehrübungen (z. B. der Schulterstand) werden nur statisch ausgeführt.

52 Waerland, A.: Die Wirbelsäule, 7. Aufl., Bern 1987, S. 25

53 Akrobatische Übungen wirken aus diesem Grund eher kontroproduktiv, jedenfalls dann, wenn sie der Schaustellung dienen und das eigentliche Ziel des Yoga vergessen lassen.

54 vgl. z. B. Hauer, J. W.: Der Yoga, S. 317

55 Damit verwandt, *animus* (lat.) »Seele«, »Geist«, *anemos* (griech.) »Wind«.

56 vgl. Mayrhofer, Manfred: Etymologisches Wörterbuch des Altindoarischen, Band I, Heidelberg 1986, S. 72

57 vgl. Weizsäcker, Carl Friedrich von: Einleitung, in: Krishna, Gopi/Weizsäcker, Carl Friedrich von: Biologische Basis der Glaubenserfahrung, 2. Aufl., Bern/München/Wien 1973, S. 25

58 vgl. Krishna, Gopi: Kundalini, 2. Aufl., Bern/München/Wien 1985, S. 35

59 vgl. Yogendra, Shri: Hatha Yoga simplified, Bombay 1977, S. 9

60 Hathayogapradipika Sutra II/2

61 vgl. hierzu die Ausführungen von Weizsäcker, Carl Friedrich von: Einleitung, in: Krishna, Gopi/Weizsäcker, Carl Friedrich von: Biologische Basis der Glaubenserfahrung, 2. Aufl., Bern/München/Wien 1973, S. 25

62 vgl. z.B. Krishna, Gopi: Kundalini, 2. Aufl., Bern/München/Wien 1985; ferner: Sannella, Lee: Kundalini-Erfahrung und die neuen Wissenschaften, Essen 1989

63 Hahnemann, Samuel: Organon der Heilkunst, 6. Aufl., Nachdruck der Ausgabe Leipzig 1921, Heidelberg 1991, S. 68

64 Hufeland, Christoph Wilhelm: Makrobiotik oder die Kunst, das menschliche Leben zu verlängern, München 1978, S. 36

65 vgl. Goraksa-Sataka, Sutra 91 und Hathayogapradipika, Sutra II/3.

66 entnommen aus: Schmitt, L.J.: Atemheilkunst, 7. Aufl., Bern 1987, S. 103

67 vgl. z.B. die Aussage von Ramana Maharshi, zitiert bei Zimmer, Heinrich: Der Weg zum Selbst, 7. Aufl., Düsseldorf/Köln 1991, S. 100

68 vgl. Eliade, M.: Yoga, S. 71 ff.

69 vgl. Jungclaussen, Emmanuel: Aufrichtige Erzählungen eines russischen Pilgers, 18. Aufl., Freiburg 1990, S. 31 und 58f.

70 zitiert bei Eliade, M.: Yoga, S. 72

71 zitiert ebenda, S. 73

72 vgl. Schmitt, Johannes L.: Atemheilkunst, 7. Aufl., Bern 1987, S. 219

73 vgl. hierzu im einzelnen Eliade, M: Yoga, S. 246

74 Eliade spricht von »mythologischer Physiologie«; Eliade, M.: Yoga, S. 448

75 vgl. hierzu beispielsweise Porkert, Manfred: Die chinesische Medizin, Düsseldorf/Wien 1982, S. 141 ff.

76 vgl. auch Motoyama, Hiroshi/Brown, Rande: Chakra-Physiologie, 2. Aufl., Freiburg 1990, S. 121

77 Oft wird das Wort Cakra mit »Ch« geschrieben. Bei einer exakten Transliteration dürfte allerdings nur ein »C« verwendet werden.

78 so auch Schimmel, Helmut W.: Die Bedeutung der Chakren in der energetischen Medizin, in: Acta Biologica, Jahrgang XXIX, Nr. 1 vom 15. 6. 1990, S. 31–41, S. 31 mit weiteren Nachweisen; vgl. ferner die Untersuchungen von Motoyama, Hiroshi/Brown, Rande: Chakra-Physiologie, 2. Aufl., Freiburg 1990, S. 121 ff.

79 vgl. z.B. Hathayogapradipika II/4 und II/7

80 vgl. Eliade, M: Yoga, S. 247

81 vgl. hierzu Porkert, Manfred: Die theoretischen Grundlagen der chinesischen Medizin, 2. Aufl., Stuttgart 1982, S. 8 ff.

82 vgl. Eliade, M: Yoga, S. 249

83 vgl. hierzu auch Grof, Stanislav und Christina: Spirituelle Krisen und Bewußtseinsentwicklung, in: Spirituelle Krisen. Chancen der Selbstfindung, hrsg. von denselben, München 1990, S. 22–54, S. 40

84 vgl. Weizsäcker, Carl Friedrich von: Einleitung, in: Krishna, Gopi/Weizsäcker, Carl Friedrich von: Biologische Basis der Glaubenserfahrung, 2. Aufl., Bern/München/Wien 1973, S. 25; vgl. ferner die Berichte bei Sannella, Lee: Kundalini-Erfahrung und die neuen Wissenschaften, Essen 1989, S. 34 ff. mit weiteren Nachweisen.

85 vgl. hierzu Avalon, Arthur: Die Schlangenkraft, 3. Aufl., Bern/München/Wien 1982, S. 9; Eliade, M.: Yoga, S. 254 ff.

86 Kommentar zu Sutra II/54

87 vgl. Tillich, Paul: Die Frage nach dem Unbedingten, Gesammelte Werke, Band V, Stuttgart 1964, S. 43 f.

88 vgl. Faller, Adolf: Der Körper des Menschen, 11. Aufl., Stuttgart/New York 1988, S. 27

89 in Anlehnung an Mello, Anthony de: Warum der Vogel singt, 4. Aufl., Freiburg/Basel/Wien 1986, S. 68 ff.

90 Gleiches sagt Thomas von Kempen, Nachfolge Christi, Drittes Buch, Kapitel 37: »Verzichte auf Wünsche und alles Eigentum, du wirst immer dabei gewinnen.«

91 De vera religione, Stuttgart 1983, XXXIX, 72

92 vgl. Vivekananda, Swami: Raja-Yoga, 5. Aufl., Freiburg 1978, S. 122

93 Jakob Böhme bezeichnet ihn als »Ungrund«, vgl. Wehr, Gerhard: Einführung, in: Böhme, Jakob: Christosophia, hrsg. von Gerhard Wehr, 3. Aufl., Freiburg 1979, S. 8

94 Meister Eckehart, S. 340; und Martin Luther schreibt: Gott ist der Kreatur *»tieffer, ynnerlicher, gegenwertiger denn die creatur yhr selbs ist, ...«*, Werke, Kritische Gesammtausgabe, Band XXIII, Weimar 1901, S. 137, Zeile 33 ff.

95 vgl. Sorokin, Pitirim A.: Wiederherstellung der Menschenwürde, Frankfurt 1952, S. 105; tiefschürfend auch Jacobs, Hans: Indische Weisheit und westliche Psychotherapie, München 1965, S. 34–43.

96 Pasolini spricht von *»Konsumzivilisation«* (*»Konsumismus«*)und sieht in ihr den *»repressivsten Totalitarismus, den man je gekannt hat«*, einen *»hedonistischen Faschismus«*, vgl. Pasolini, Pier Paolo: Freibeuterschriften. Die Zerstörung der Kultur des einzelnen durch die Konsumgesellschaft, Berlin 1979, S. 46, 49 und 94; vgl. ferner: Sölle, Dorothee: Wählt des Leben, Stuttgart/Berlin 1980, S. 11 ff.

97 vgl. Sorokin, Pitirim A.: Wiederherstellung der Menschenwürde, Frankfurt 1952, S. 105; Fromm, Erich: Haben oder Sein, München 1979, S. 15

98 Trungpa, Chögyam: Spiritueller Materialismus, Freiburg 1975

99 vgl. Yogendra, Jayadeva, in: Sadhakas: Die Kunst des Lebens und Arbeitens. Vorträge über die Bhagavadgita, Bombay/Hamburg 1986, S. 21

100 Selawry, A.: Herzensgebet, S. 17

101 vgl. Yogendra, Shri: Hatha Yoga simplified, Bombay 1977, S. 112 f.

102 Zwei Jahrtausende später schreibt Johann Gottlieb Fichte, dessen Denken sich schließlich zu einer »spirituellen Philosophie« geläutet hat, weil es auch ihm um die Realisierung des Göttlichen geht: Der Mensch erwacht erst dann zu seinem wahren Wesen, wenn er imstande ist, seinen »zerstreuten Geist« in einem Punkt zu kontrahieren und dort festzuhalten, »gegen das stets fortdauernde natürliche Bestreben, diese Kontraktion aufzugeben«; andernfalls ist er nur ein »grauer Schatten« seiner selbst und ein »Nebelgebilde«, auf welchen das biblische Wort paßt: »Sie haben Augen, und sehen nicht: und haben Ohren, und hören nicht«. Die Anweisung zum seligen Leben oder auch die Religionslehre, Berlin 1806, S. 105 f.

103 In der christlichen Tradition ist Meditation im allgemeinen auf eine christliche Gottesvorstellung bzw. auf Christus bezogen. Patanjali beschreibt dagegen einen Geisteszustand, der sich aus einer vertieften Konzentration ergeben kann; für ihn ist das Objekt der Meditation nicht notwendig ein religiöses (dies kann etwa eine Kerze, ein Stein usw. sein), geschweige denn an eine bestimmte Religion gebunden. Patanjali legt die Betonung mehr auf den Aspekt der Geistesschulung. Geraldine Coster schreibt: »Für ihn (Patanjali) bedeutet Meditation Schulung des menschlichen Bewußtseins, damit es lernt, auf einer höheren als der üblichen Ebene und auf einer

breiteren Basis zu arbeiten. Seine Methode ist einer Schulung der Stimme zu vergleichen, bei der mit fortschreitender Übung der Umfang der Stimme sich weitet und zugleich beweglicher wird, bis nach Jahren der Schulung der Schüler singen und bestimmen kann, was er singen will. ... Yoga (stellt) nicht eine Unterweisung in besonderen Glaubensinhalten dar, sondern bedeutet Schulung der geistigen Fähigkeiten eines Menschen, eine Erweiterung seiner Fähigkeit, sich in jeder Form von geistiger Wirklichkeit zurechtzufinden.« Yoga und Tiefenpsychologie, München-Planegg 1954, S. 74 f.

104 Aus dem Cherubinischen Wandersmann, Stuttgart 1977, S. 23

105 »*Sed quoniam prius sibi ipse homo reddendus est, ut illic quasi gradu facto inde surgat atque attollatur ad deum ...*«, Augustinus, Aurelius: Retractationes, lib. I, c. 8, n. 3, CCL Bd. 57, 22, 29–31

106 vgl. hierzu auch Wilber, Ken: Halbzeit der Evolution, Bern/München/Wien 1984 sowie die dort angegebene Literatur.

107 Vielfach wird auch der Ausdruck *kosmisches Bewußtsein* gebraucht, vgl. z. B. Bucke, Richard Maurice: Cosmic Consciousness, New York 1901. (Deutsche Ausgabe: Die Erfahrung des kosmischen Bewußtseins, Freiburg 1975).

Yoga im Christentum

1 vgl. Schlink, M. B. : Christen und die Yogafrage, Darmstadt (Verlag Evangelische Marienschwesternschaft) o. J., S. 9; Ray, M.: Yoga – Ja oder Nein? Winterthur 1971; Aagaard, Johannes: Was ist Yoga wirklich?, hrsg. vom Arbeitskreis »Rel. Gemeinschaften« der VELKD, Hannover 1981

2 vgl. hierzu auch Gogler, Ernst: Yoga in Ost und West. in: Wanderer von Land zu Land. Sonderdruck der Ausgabe Nr. 3/4 1975/76

3 so etwa Hummel, Reinhart: Yoga – Meditationsweg für Christen? Probleme einer christlichen Yoga-Rezeption. Evangelische Zentralstelle für Weltanschauungsfragen, Information Nr. 112, Stuttgart 1990

4 so wohl auch Fuchs, Christian: Yoga in Deutschland. Rezeption, Organisation, Typologie, Stuttgart/Berlin/Köln 1990, S. 248

5 zitiert bei Schoeps, Hans-Joachim: Religionen, Gütersloh, o. J., S. 14

6 vgl. hierzu auch Wilber, Ken: Halbzeit der Evolution, S. 16 f.

7 vgl. z. B. Aranya, H.: Yoga Philosophy, S. 3

8 Frauwallner, Erich: Geschichte der Indischen Philosophie, Band 1, Salzburg 1953, S. 133

9 Hauer, J. W.: Der Yoga, S. 218

10 vgl. Lindquist, Sigurd: Die Methoden des Yoga, Lund 1932, S. 73 ff.; Eliade, M.: Yoga, S. 171

11 vgl. oben S. 78 f.

12 vgl. etwa auch Dechanet, Jean-Marie: Yoga hilft Christen, Wien/Freiburg/Basel 1975; Saux, Henri le: Das Feuer der Weisheit, Weilheim 1979; Gentschy, Michael: Yoga und christliche Spiritualität, München 1989.

13 Yoga. In: Therapie und Selbsterfahrung, hrsg. von Seifert, Theodor; Waiblinger, Angelika, Stuttgart 1986, S. 405–412, S. 412

14 Meditationstechniken für Manager, München 1976, S. 274

15 Dies gilt übrigens auch für (undifferentierte) Warnungen von Psychologen; vgl. hierzu etwa die kritische und beziehungsreiche Arbeit von Jacobs, Hans: Indische Weisheit und westliche Psychotherapie, München 1965, S. 157f.

16 »*qui non intelligit res, non potest ex verbis sensum elicere*«; zitiert bei Gadamer, Hans-Georg: Wahrheit und Methode, 4. Aufl., Tübingen 1975, S. 162

17 Hauer, J. W.: Der Yoga, S. 273; ähnlich auch Jacobs, Hans: Indische Weisheit und westliche Psychotherapie, München 1965, S. 20; Romano Guardini schrieb bereits 1932: »*Die Kräfte der Stille drohen Europa zu verlassen. Gehen sie wirklich fort, dann muß das Abendland verdorren, denn seine Größe war im Tiefsten von jenen Kräften gespeist.*« Wille und Wahrheit, Mainz 1933. Allerdings ist Hauers Formulierung in soweit mißverständlich und nicht gesichert, als er im Yoga ein »Produkt« der Indogermanen sieht. Denn seine Ausformung und Vervollkommnung hat der Yoga in Indien erfahren. (vgl. oben S. 13). Dabei hatte die vorarische indische Kultur einen erheblichen, wenn nicht den entscheidenden Einfluß (vgl. hierzu Eliade, M.: Yoga, S. 110ff.).

18 Mello, Anthony de: Warum der Vogel singt, 4. Aufl., Freiburg/Basel/Wien 1986, S. 14

19 vgl. hierzu auch Fromm, Erich: Psychoanalyse und Zen-Buddhismus, in: Fromm, Erich/Suzuki, Daisetz Teitaro/Martino, Richard de: Zen-Buddhismus und Psychoanalyse, Frankfurt 1976, S. 122 f.

20 Yogendra, Shri: Yoga Essays, Bombay 1978, S. 134 f.

21 vgl. Dasgupta, Surendranath: A History of Indian Philosophy, Volume I, Delhi u. a. 1988, S. 229; Garbe, R: Samkhya-Philosophie, S. 40

22 vgl. Garbe, R: Samkhya-Philosophie, S. 5 f.

23 vgl. Garbe, R.: Der Mondschein der Samkhya Wahrheit, Abhandlung der königlich-bayerischen Akademie der Wissenschaften XXIX, Band 3, München 1892, S. 8; Govinda, Anagarika: Buddhistische Reflexionen, Bern/München/Wien, 1983, S. 125 ff.

24 vgl. Schweitzer, Albert: Die Weltanschauung der indischen Denker, Nachdruck der 3. Aufl., München 1987, S. 57

25 vgl. Eliade, M.: Yoga, S. 252; Garbe, R.: Samkhya-Philosophie, S. 7; Zimmer, H.: Philosophie, S. 256; Govinda, Anagarika: Buddhistische Reflexionen, Bern/München/Wien 1983, S. 125 ff.

26 vgl. Garbe, R.: Samkhya-Philosophie, S. 4

27 vgl. im einzelnen Zimmer, H.: Philosophie, S. 295

28 Schweitzer, Albert: Die Weltanschauung der indischen Denker. Mystik und Ethik, Nachdruck der 3. Aufl., München 1987, S. 57

29 Sieht man von dem später angefügten, nicht von Patanjali stammenden vierten Buch ab, das primär philosophischer Natur ist.

30 vgl. hierzu Glasenapp, Helmuth: Zwei philosophische Ramayanas, in: Abhandlungen der Akademie der Wissenschaften und Literatur, Jahrgang 1951, Nr. 6, Wiesbaden, S. 421–525, S. 433f.

31 Garbe, R.: Samkhya-Philosophie, S. 40 f.

32 vgl. oben S. 93ff.

33 Anandamayi Ma, eine indische Weise unserer Tage, sagte einmal: »*Die Unterscheidung zwischen ›ich‹ und ›du‹ aufzuheben ist der einzige Zweck jedes spirituellen Strebens.*«

34 Teresa von Avila: Die innere Burg, Zürich 1979, S. 196

35 Meister Eckhart, S. 186

36 Zur Einheitlichkeit mystischer Erfahrung in den verschiedenen Religionen, vgl. Sudbrack, Josef: Mystik. Christliche Tradition und christliche Erfahrung, in: Stimmen der Zeit, Heft 11, 1992, S. 732–740, S. 739 f., sowie die Untersuchung von Rudolf Otto, der den indischen Religionsphilosophen Sankara mit Meister Eckehart vergleicht und zu dem Ergebnis kommt: »*Wir behaupten, daß in der Mystik sich in der Tat gewaltige Urmotive der menschlichen Seele regen, die als solche ganz gleichgültig sind gegen die Unterschiede des Klimas, der Weltgegend oder der Rasse, und die in ihrer Übereinstimmung eine innerliche Verwandtschaft der menschlichen Geistes- und Erlebniswelt aufweisen, die wahrhaft erstaunlich ist.*« West-östliche Mystik. Vergleich und Unterscheidung zur Wesensdeutung, 3. Aufl., München 1971, S. 2

37 vgl. Ramakrishna: Das Vermächtnis, Bern/München 1981, S. 199; vgl. hierzu auch Ramana Maharshi: Gespräche des Weisen vom Berge Arunachala, Interlaken 1989, S. 122: Das »Herz«, als der Ort der Verwirklichung, ist weder »innen« noch »außen«.

38 Und Rumi, der große Mystiker des Islam, verkündet: »*In meinem Herzen – drinnen, draussen –, alles ist nur er, in mir Ader, Blut und Seele, alles ist nur er.*« Dschalaluddin Rumi: Vierzeiler, in: Castrum Peregrini 1981, Heft 146–147, S. 47

39 In poetischen Worten besingt Rumi in einer bekannten Passage des *Mathnawi* die Notwendigkeit einer solchen Auflösung der Subjekt-Objekt-Spaltung. Die letzten beiden Zeilen lauten:
»*Nun, da du ich bist, komm, o Ich, herein –*
zwei Ich schließt dieses enge Haus nicht ein!«
Schimmel, Annemarie: Mystische Dimensionen des Islam, Köln 1985, S. 444

40 Unter Mystik wird hier ein Weg verstanden, der die Erfahrung der Vereinigung des Menschen mit Gott zum Ziel hat; zur Vielschichtigkeit des Begriffs, vgl. Sudbrack, Josef: Mystik. Christliche Tradition und christliche Erfahrung, in: Stimmen der Zeit, Heft 11, 1992, S. 732–740

41 vgl. hierzu auch Verdú, Alfonso: Abstraktion und Intuition als Wege zur Wahrheit in Yoga und Zen, München 1965, S. 17 ff. Dabei soll nicht unerwähnt bleiben, daß sich in der langen Geschichte des Yoga neben dem »königlichen« Weg (*Raja*-Yoga) Patanjalis auch Übungstraditionen gebildet haben, die andere Ziele verfolgen (z. B. alchimistische und magische), vgl. Eliade, M.: Yoga, S. 282 ff.

42 vgl. oben S. 49 ff.

43 Selawry, A.: Herzensgebet, S. 46

44 Zu diesem Bild als Grundlage des interreligösen Dialogs vgl. Panikkar, Raimon: Der neue religiöse Weg, München 1990, S. 30 ff.

45 vgl. oben S. 22 ff.

46 Ramana Maharshi: Sei, was du bist! Bern/München/Wien 1990, S. 260

47 »*nam res ipsa, quae nunc Christiana religio nuncupatur, erat et apud antiquos nec defuit ab initio generis humani, quousque Christus ueniret in carne, unde uera religio, quae iam erat, coepit appellari Christiana.*« Augustinus, Aurelius: Retractationes, Kapitel 12,3, CSEL, Vol. XXXVI, New York/London 1963, S. 58. Dabei wird der Ausschließlichkeitsanspruch in dieser Aussage nicht verkannt; zu diesem Phänomen im Denken der großen Religionen, vgl. Panikkar, Raimon: Der neue religiöse Weg, München 1990, S. 19 ff.

48 Der lateinische Text ließe bei der Übersetzung auch folgenden Zusatz zu: »und zwar auch immer wieder neu gab, ...«

49 vgl. Pokorny, Julius: Indogermanisches etymologisches Wörterbuch, Band I, Bern/München 1959, S. 508

50 vgl. ebenda, S. 510; zur Herkunft des Begriffes Yoga, vgl. auch oben S. 13

51 ähnlich auch Frenz, Albrecht: Christlicher Yoga, Stuttgart 1985, S. 13 f.

52 Und es scheint so, als würde heute die Wegkompenente wieder an Bedeutung gewinnen. Der Religionswissenschaftler Hans Waldenfels schreibt: »*Wenn nicht alles täuscht, verlagert sich das Interesse von der Lehre zum Weg, tritt an die Stelle der Wahrheitsfrage die Wegfrage.*« An der Grenze des Denkbaren, Meditation – Ost und West, München 1988, S. 50

53 Michaelle: Beten mit Körper, Seele und Geist, Mainz 1979

54 1. überarbeitete Aufl., Stuttgart/Berlin 1991, S. 8 f.

55 vgl. Donders, Adolf: Zum Geleit, in: Thomas von Kempen: Nachfolge Christi, Kevelaer o. J., S. 5

56 Nachfolge Christi, Drittes Buch, Kapitel 48

57 vgl. hierzu bereits oben S. 78 f.

58 vgl. oben S. 50 ff.

59 vgl. auch Brück, Michael von: Einheit der Wirklichkeit, 2. Aufl., München 1987, S. 272 ff.

60 zitiert bei Zink, Jörg: Wie wir beten können, 1. überarbeitete Aufl., Stuttgart/Berlin 1991, S. 20

61 vgl. Brück, Michael von: Einheit der Wirklichkeit, 2. Aufl., München 1987, S. 282

62 Pascal, Blaise: Gedanken, Stuttgart 1991, S. 129

63 zitiert bei Otto, Rudolf: Das Heilige. München 1963, S. 28

64 Haberer, Erwin: Herausforderung New Age, München 1989, S. 45; ähnlich auch Wolf, Bernhard: Religion als Bildungsaufgabe, in: Mitteilungsblatt der Arbeitsgemeinschaft für Evangelische Erwachsenenbildung in Bayern (AEEB), Nr. 1, 1991, S. 55–66, S. 57 und Karl Barth schreibt: »Die Seele und der Leib des Menschen aber sind der eine Mensch, wie Himmel und Erde als Ganzes ein Kosmos sind.« Die kirchliche Dogmatik, Band III/2, Zollikon-Zürich 1959, S. 441

65 Salzkörner, Einsichten, Weghilfen, Würzburg 1980

66 Kommentar zu Sutra I/20 (Übersetzung durch den Verfasser)

67 Interessanterweise fordert auch Patanjali Mitleid (*Karuna*), Wohlwollen, Freundschaft (*Maitri*) und (Mit-)Freude (*Mudita*), Grundelemente jeder Nächstenliebe, gerade an der Stelle (Yoga-Sutra I/33), wo er auch von der Ausrichtung auf Gott spricht (Yoga-Sutra I/23-29, I/32).

68 Fromm, Erich: Die Kunst des Liebens, 44. Aufl., Frankfurt a. M./Berlin/Wien 1992, S. 120 ff. (nachfolgend zitiert als: Fromm, E.: Kunst des Liebens)

69 vgl. oben S. 112 f.

70 Kunst des Liebens, S. 69 ff.

71 Boss, M.: Indienfahrt, S. 254

72 vgl. oben S. 64

73 abgedruckt in Ramakrishna: Das Vermächtnis, Bern/München 1981, S. 107

74 vgl. hierzu auch Fromm, E.: Kunst des Liebens, S. 125

75 Meister Eckehart, S. 214

76 Teresa von Avila: Die innere Burg, Zürich 1979, S. 201

77 Bonhoeffer, Dietrich: Gesammelte Schriften, München 1960, Band III, S. 322 und Band V, S. 361

78 vgl. oben, Kapitel »Die fünf Schülerklassen«

79 vgl. oben, S. 34

80 So fordert auch Hummel für die kirchliche Arbeit »*einen Stamm bewährter christlicher Meditationslehrer ..., die mit yogischen Praktiken vertraut (sind).*« Hummel, Reinhart: Yoga – Meditationsweg für Christen? Probleme einer christlichen Yoga-Rezeption. Evangelische Zentralstelle für Weltanschauungsfragen, Information Nr. 112, Stuttgart 1990, S. 34; allerdings geht es Hummel hierbei vor allem darum, zu verhindern, daß Menschen, die Yoga praktizieren, in eine hinduistische Weltanschauung abdriften. Aber er sieht die Notwendigkeit »*für ein verantwortungsvolles Experimentieren mit wichtigen Elementen yogischer Praxis im Bereich der Kirche ...*«, ebenda, S. 32

81 vgl. auch Wolf, Bernhard: Religion als Bildungsaufgabe, in: Mitteilungsblatt der Arbeitsgemeinschaft für Evangelische Erwachsenenbildung in Bayern (AEEB), Nr. 1, 1991, S. 55–66, S. 64

82 Die Kunst des Liebens, S. 43

83 Schriften zur Theologie VII, Einsiedeln-Zürich-Köln 1962, S. 22

84 2. Aufl., Gelsenkirchen 1984

85 Pasolini spricht von »nützlicher Folklore«, Pasolini, Pier Paolo: Freibeuterschriften, Berlin 1979, S. 89

86 Hummel, Reinhart: Yoga – Meditationsweg für Christen? Probleme einer christlichen Yoga-Rezeption. Evangelische Zentralstelle für Weltanschauungsfragen, Information Nr. 112, Stuttgart 1990, S. 32; Wienecke spricht von einer rückwärtsorientierten Sichtweise seiner (evangelischen) Kirche: »Wir blicken in die Vergangenheit und stehen mit dem Rücken zur Zukunft.« Wienecke, Jörg: Esoterik, Anfrage an die kirchliche Lehre und Praxis, in: Korrespondenzblatt, Februar 1986, S. 17–20, S. 19

87 Yoga hilft Christen, Wien/Freiburg/Basel 1975, S. 165

88 vgl hierzu auch Barth, Hans-Martin: Sehnsucht nach Heiligen, Stuttgart 1992, insbesondere S. 108 ff.

89 Selawry, A.: Herzensgebet, S. 22

90 Nachfolge Christi, 1.Buch, 3. Kapitel

91 Zur spirituellen Praxis Luthers vgl. Nicol, Martin: Meditation bei Luther, 2. Aufl., Göttingen 1991

92 Bonhoeffer, Dietrich: Gesammelte Schriften, München 1960, Band III, S. 323

93 Bonhoeffer, Dietrich: Gesammelte Schriften, München 1960, Band V, S. 361

94 Barth, Karl: Die kirchliche Dogmatik, Band IV/3, Zollikon-Zürich 1959, S. 1080

95 vgl. z. B. auch die Analyse von Aurobindos Denken bei Griffiths, Bede: Die heutige Wissenschaft und die neue Schöpfung, in: Alte Weisheit und modernes Denken, hrsg. v. Stanislav Grof, München 1986, S. 55–62, S. 57

96 vgl. Zimmer, Heinrich: Der Weg zum Selbst, 7. Aufl. Düsseldorf/Köln 1991, S. 112

97 Ramakrishna: Das Vermächtnis, Bern/München 1981, S. 160

98 Stages of Sadhana, in: Yoga & Total Health, March 1986, S. 6–8, S. 8 (Übersetzung durch den Verfasser)

99 Ramana Maharshi: Gespräche des Weisen vom Berge Arunachala, Interlaken 1989, S. 44
100 vgl. oben S. 86
101 Zimmer, Heinrich: Der Weg zum Selbst, 7. Aufl., Düsseldorf/Köln 1991, S. 112
102 Ramakrishna: Das Vermächtnis, Bern/München 1981, S. 228

Literaturauswahl

Boss, Medard: Indienfahrt eines Psychiaters, 4. Aufl., Bern/Stuttgart/Wien 1987

Brück, Michael von: Einheit der Wirklichkeit, München, 2. Auflage 1987

Bucke, Richard Maurice: Die Erfahrung des kosmischen Bewußtseins, Freiburg 1975

Dechanet, Jean-Marie: Yoga hilft Christen, Wien/Freiburg/Basel 1975

Ebert, Dietrich: Physiologische Aspekte des Yoga, Stuttgart 1986

Eliade, Mircea: Yoga – Unsterblichkeit und Freiheit, Frankfurt 1977

Frenz, Albrecht: Christlicher Yoga, Stuttgart 1985

Fromm, Erich: Die Kunst des Liebens, 44. Aufl., Frankfurt a.M./Berlin/Wien 1992

Fuchs, Christian: Yoga in Deutschland. Rezeption, Organisation, Typologie, Stuttgart/Berlin/Köln 1990

Gentschy, Michael: Yoga und christliche Spiritualität, München 1989

Hauer, J. W.: Der Yoga, Südgellersen, 3. Auflage 1983

Hummel, Reinhart: Yoga – Meditationsweg für Christen? Probleme einer christlichen Yoga-Rezeption. Evangelische Zentralstelle für Weltanschauungsfragen, Information Nr. 112, Stuttgart 1990

Jungclaussen, Emmanuel: Aufrichtige Erzählungen eines russischen Pilgers, 18. Aufl., Freiburg 1990

Krishna, Gopi/Weizsäcker, Carl Friedrich von: Biologische Basis der Glaubenserfahrung, 2. Aufl., Bern/München/Wien 1973

Meister Eckhart: Deutsche Predigten und Traktete, hrsg. von Josef Quint, Zürich 1979

Mello, Anthony de: Warum der Vogel singt, 4. Aufl., Freiburg/Basel/Wien 1986

Otto, Rudolf: West-östliche Mystik, Vergleich und Unterscheidung zur Wesensdeutung, 3. Aufl., München 1971

Patanjali: Die Wurzeln des Yoga. Die Yoga-Sutren des Patanjali mit einem Kommentar von P. Y. Deshpande, 6. Aufl., München 1990

Ramana Maharshi: Gespräche des Weisen vom Berge Arunachala, Interlaken 1989

Saux, Henri le: Das Feuer der Weisheit, Weilheim 1979

Selawry, Alla: Das immerwährende Herzensgebet, 5. Aufl., Bern/München/Wien 1986

Sorokin, Pitirim A.: Wiederherstellung der Menschenwürde, Frankfurt 1952

Vivekanada, Swami: Raja-Yoga, 5. Aufl., Freiburg 1978

Weiss, Hartmut: Quellen des Yoga, München 1986

Information und Beratung

Adressen für weitere Informationen und Beratung:

Arbeitskreis Meditation in der evang. Kirche in Bayern,
Neuendettelsauer Straße 4
8500 Nürnberg 60

Tel. 0911/678578

Berufsverband Deutscher Yogalehrer
BDY-Geschäftsstelle
Riemenschneiderstraße 4
8702 Erlabrunn/Würzburg

Tel. 09364/4797

Namens- und Sachverzeichnis

H

I

J

K

Notizen